GÊMEOS

A marca FSC® é a garantia de que a madeira utilizada na fabricação do papel deste livro provém de florestas que foram gerenciadas de maneira ambientalmente correta, socialmente justa e economicamente viável, além de outras fontes de origem controlada.

ALLEN SHAWN

Gêmeos
Memórias

Tradução
Caroline Chang

Companhia das Letras

Copyright © 2011 by Allen Shawn
Todos os direitos reservados, incluindo os direitos de reprodução parcial ou total em qualquer meio.

Grafia atualizada segundo o Acordo Ortográfico da Língua Portuguesa de 1990, que entrou em vigor no Brasil em 2009.

Título original
Twin: A Memoir

Capa
Elisa von Randow

Foto de capa
Vwe Krejci/ Corbis/ Latinstock

Preparação
Ciça Caropreso

Índice remissivo
Luciano Marchiori

Revisão
Angela das Neves
Carmen T. S. Costa

Dados Internacionais de Catalogação na Publicação (CIP)
(Câmara Brasileira do Livro, SP, Brasil)

Shawn, Allen
    Gêmeos : memórias / Allen Shawn ; tradução Caroline Chang. — 1ª ed. — São Paulo : Companhia das Letras, 2015.

    Título original: Twin: A Memoir
    ISBN 978-85-359-2608-8

    1. Autistas – Biografia 2. Gêmeos – Biografia 3. Shawn, Allen 4. Transtorno esquizoafetivo – Pacientes – Biografia I. Título.

15-04552   CDD-616.858820092

Índice para catálogo sistemático:
1. Autista : Biografia 616.858820092

[2015]
Todos os direitos desta edição reservados à
EDITORA SCHWARCZ S.A.
Rua Bandeira Paulista, 702, cj. 32
04532-002 — São Paulo — SP
Telefone: (11) 3707-3500
Fax: (11) 3707-3501
www.companhiadasletras.com.br
www.blogdacompanhia.com.br

*À memória de William e Cecille Shawn, Bessie Fitzgerald
Thomas e Irene Anderson Archibald, e a todos aqueles que
procuraram entender Mary e cuidar dela*

Sumário

1. Perdidos, 9
2. Julho de 2005, 19
3. Juntos, 48
4. Verão, 72
5. Coisas não vistas, 88
6. Rachaduras entre as teclas, 103
7. Deslocamentos, 114
8. Estrelas binárias, 138
9. Encontrando palavras, 163
10. Autismo, 182
11. Em Briarcliff, 219

Agradecimentos, 235
Índice remissivo, 239

1. Perdidos

Não gosto de perder coisas. Mantenho uma lista de livros que sei que eu tinha, que sei que li e que de alguma forma se perderam. *A montanha mágica*, *The Star Thrower* [O lançador de estrelas], de Loren Eiseley, *Histórias completas de Claudine*, de Colette, estão lá, junto com pelo menos outros quarenta títulos. Até mesmo quando perco uma calça cresce em mim uma sensação de vergonha, uma confusão, que parece totalmente desproporcional à perda, e se a calça de repente volta da lavanderia com um pedido de desculpas, sinto uma vertigem estranha, algo da alegria demonstrada por famílias reunidas em filmes sobre o paraíso mórmon. É estranho que neste mundo em que tudo, mais cedo ou mais tarde, se perde, em que a perda é a única certeza, alguém se apegue às menores coisas e queira dizer adeus até mesmo a uma calça, em vez de deixá-la simplesmente desaparecer. Queremos enxergar uma lógica nos desaparecimentos e saber quando perdemos algo. Mesmo que, no final das contas, acabemos perdendo tudo.

Por volta dos dez anos, eu tinha um hamster chamado Serragem que morava comigo no meu quarto. (Eu era uma criança privilegiada, sortuda o bastante para ter um quarto só meu.) Serragem passava a maior parte do tempo correndo excitado na pequena roda de metal dentro de sua gaiola. Ele havia sido batizado em homenagem às aparas que enchiam o fundo removível de sua morada retangular de vidro, e, quando não o via correr, estava ou dormindo numa clareira que ele fazia nas aparas, ou comendo o que parecia ser uma minifileira de grãos, nozes e frutas secas de uma pequena tigela, ou ainda bebendo avidamente em uma bica de metal ligada a uma garrafa de água pendurada num dos lados da gaiola. Eu me acostumei a acordar todas as manhãs ao som do rangido da roda de Serragem e à visão, um pouco além dos pés da minha cama, de sua pequena silhueta peluda em movimento, correndo em frente sem jamais chegar a lugar nenhum.

Durante as festas do fim do ano em que tive Serragem, fui acometido por uma gripe que me fazia acordar no meio da noite com o pijama e os lençóis encharcados de suor, os dentes batendo. De dia e de noite, sentia a cabeça e os olhos doendo e, atrás dos olhos, uma sensação estranha, como se centenas de formigas estivessem caminhando pelo meu cérebro. Quando eu acordava, nunca tinha certeza de que hora do dia era, pois uma espécie de névoa descia sobre mim durante a febre, fazendo-me dormir a maior parte do tempo. Ao tentar sair da cama, eu me sentia oprimido pelo que parecia ser um peso de chumbo, o que me dava a impressão de estar de pé em um barco no meio de uma tempestade. Era como se minha cabeça e meus pensamentos não me pertencessem inteiramente. Meu corpo era uma espécie de suporte frágil de alguma bola pesada, incômoda e pulsante. Enquanto isso "eu" permanecia fora disso tudo, calmo, observando meu frágil andaime tentando se levantar para ir ao banheiro com o pijama de flanela encharcado, do qual emanava um cheiro podre e fétido.

Alguns dias se passaram nesse estado de confusão. Eu caía em sonhos que não eram sonhos. Um copo de suco de laranja adoçado e posto a meu lado em uma mesinha parecia muito distante, e a ideia de "suco" ocupava uma espécie de letreiro diante da minha testa, que eu contemplava por um tempo incomensuravelmente longo. A sensação de frescor do copo de suco de laranja penetrava meus pensamentos, esperando usurpar o lugar de palavras ou de ideias sensatas. Se meus pais vinham até a porta do quarto para ver como eu estava, o timbre de suas vozes ficava pairando no quarto por horas a fio, e as consoantes e vogais pronunciadas por eles continuavam murmurando nas molduras das paredes e nos cantos do teto, voejando de um lugar a outro pelas paredes, como borboletas. Durante a febre, a ordem natural das minhas percepções era interrompida. Uma dor se anunciava no músculo entre o polegar e o dedo indicador, e eu me focava nela, à custa de tudo mais. A garganta começava a parecer uma enorme e rugosa caverna cheia de fardos lanosos de feno e ocupava minha consciência com estranha ferocidade. Pensamentos ordenados ressoavam em meu estômago contraído, vagamente adoentado, como animais mortos no fundo de um poço. Durante o período da gripe, tudo fora de mim era distante e eu me encontrava alheio ao mundo externo.

Depois de alguns dias desse isolamento, meus olhos pararam de doer, as formigas pararam de caminhar dentro da minha cabeça, recuperei o interesse em ouvir as leituras em voz alta de meu irmão e fui tomado por um apetite voraz por chuletas de ovelha com purê de batata e ervilhas. Enquanto permaneci na cama me recuperando, meus pais foram em frente com seus planos de uma festa para adultos, o que significou sons de vozes sofisticadas, risadas estrondosas e tilintar de copos vindo do salão até o meu quarto.

Durante a festa, minha mãe veio ver como eu estava. Eu podia ouvir seus passos e o roçar de seu vestido vermelho tomara que caia, o som cada vez mais alto, se transformando então numa nota mais alta e mais aguda no estreito corredor que levava até o meu quarto. Ela me deu uma tigela de purê de maçã, onde havia esmagado aspirina e açúcar, que era a maneira como eu tomava remédios naquela idade. Enquanto eu ingeria a mistura, ela me contou que, infelizmente, dois dias antes, Serragem havia morrido.

Olhei por sobre o pé da minha cama e vi que a gaiola de Serragem se fora.

Depois que minha mãe deixou o quarto, eu não conseguia parar de chorar. Comecei e parei de chorar várias vezes por várias horas, imaginando os pezinhos de Serragem correndo sobre a roda de metal e sua avidez ao beber água na bica da gaiola. A intensidade da minha tristeza ia além do luto por Serragem. A morte repentina do meu bichinho de estimação liberou uma torrente de lágrimas que estivera represada em algum bolsão dentro de mim, e era como se eu estivesse chorando — com toda a autopiedade da infância — não apenas por Serragem, mas por todas as mágoas e tristezas que eu já havia sentido.

Acho que isso só confirma uma vez mais que emoções são essencialmente forças físicas e, se elas parecem se expressar nos momentos mais estranhos, é porque, como forças físicas, precisam cedo ou tarde imergir e acabarão encontrando um elo vulnerável na cadeia de nossas defesas. Se o curso da enchente é barrado, ele se divide em um milhão de pequenos regatos, cada um buscando vazão, e quando uma abertura é encontrada todas as águas jorram através dela. Você se cala quando sua mulher ou seu marido faz algo imperdoável, e então, num momento qualquer, quando sua resistência está baixa, algum minúsculo deslize do outro — esquecer de pagar uma conta, ou de tirar o lixo, ou de telefonar para a escola do filho — faz sua raiva explodir, e você se vê tendo um daqueles ataques ad hominem ("Você nunca, nem por um instante, pensou em alguém que não em si mesmo!") do qual mais tarde se arrepende.

Da mesma forma, chorei a morte de Serragem de um jeito que jamais chorei pela minha irmã e que eu nunca soube que desejava chorar.

Às vezes me pergunto se Mary se sente doente o tempo todo ou se ela sente que tudo fora dela está acontecendo em um imenso abismo. Não, lembro a mim mesmo, obviamente seria necessário estar em condições de comparar esse estado mental a outra coisa para vivenciá-lo como "doença" ou como algo peculiar. Mas com certeza ela deve sentir dor e sofrer porque seu modo de se comunicar é tão pouco compreendido. Os livros me dizem que pessoas com as dificuldades de Mary podem ser "cegas" para outras mentes, que elas podem sofrer de "cegueira mental". Enquanto a maioria das pessoas, não importa quão egocêntricas elas sejam, instintivamente sabe que os outros têm seus próprios pensamentos e experiências independentes, e que a maior parte das pessoas acaba vendo a si mesmas em um contexto de círculos concêntricos cada vez maiores, com as experiências das pessoas conhecidas em primeiro plano e, além delas, as experiências de sociedades inteiras, períodos históricos, e da humanidade em geral, para Mary, pelo menos de acordo com alguns especialistas, a vida não é assim. Ela precisa dos outros, vê os outros e se encanta com eles, mas eles existem apenas em sua relação consigo mesma.

Se você nasce cego, você simplesmente vive em um mundo no qual enxergar é algo que as outras pessoas fazem. Embora você possa aprender tudo sobre "enxergar", isso continuará sendo quase um mito. Ao mesmo tempo, você vai ter percepções que pessoas com visão normal jamais entenderão. Você vai sofrer com coisas que outras pessoas nem sequer vão perceber e também vai "enxergar" onde os outros são cegos. Baseado em minhas leituras sobre deficientes mentais, comecei a pensar que isso é verdade para Mary e seu tipo de cegueira, mas nunca terei condições de confirmar se estou certo. Talvez o mais próximo que eu possa chegar de compreender sua vida interior seja quando estou doente, ou exausto, ou ansioso, ou embriagado, ou quando tomo uma droga que altera o que ouço, vejo e sinto. Tais momentos pelo menos sugerem que há várias maneiras de perceber e de ser.

Estou olhando uma fotografia de Mary com cerca de cinco anos de idade, com sua pele translúcida, sobrancelhas proeminentes, o toque asiático de seus olhos tão castanhos, uma boca sensual levemente aberta, com uma expressão pacífica situada em algum lugar entre o estado de atenção e o de reflexão. Há uma sombra sob seus olhos. Com a mão direita em concha, ela segura a parte rosada de sua mão esquerda, estendida, como se colocando um anel. O cabelo foi preso numa trança e cuidadosamente escovado; pode-se ver uma mecha de cabelo, assim como sua grande e adorável orelha direita, que quase parece uma concha. Seu vestido branco é ornado com o aplique de pequenas flores. O cenário bucólico é, na verdade, o Shakespeare Garden do Central Park, onde nossa mãe gostava de nos levar quando éramos crianças.

Agora outra fotografia, tirada cerca de treze anos depois, dessa vez de mim e de Mary. O cenário é uma pequena cidade de Delaware. É verão, e Mary está usando um vestido sem mangas amarelo-vivo. A flor branca em seu bolso evoca as flores do vestido que ela usava aos cinco anos. O cabelo agora está curto, e sobre ele, no lado direito da cabeça, há uma boina. Mais uma vez ela parece atenta e positivamente alegre, talvez entretida por alguma coisa. Olha em minha direção com olhinhos apertados, sorrindo, as bochechas salientes, os dentes à mostra. Poderia estar apenas rindo sem emitir ruídos ou falando. Usa pulseiras de plástico e um relógio no pulso esquerdo e, mais uma vez, a mão esquerda está erguida, como se estivesse prestes a tocar um piano. Estamos virados um para o outro e eu a seguro delicadamente, a mão direita pousada de leve em suas costas, como se a apoiasse de forma sutil, enquanto meu braço esquerdo está atrás de minhas próprias costas. Há uma caneta e um par de óculos no bolso da minha camisa.

Que Mary tenha retardo mental e, de acordo com seu atual diagnóstico, apresente traços tanto de autismo quanto de transtorno esquizoafetivo, pode surpreender alguém que veja essas fotografias pela primeira vez. Um tipo de beleza iridescente pode ser vista no rosto de pessoas autistas quando jovens. Na verdade, me parece que na segunda fotografia minha própria expressão é mais contida que a dela, como se eu estivesse ao mesmo tempo olhando e questionando, sem esperar respostas claras às minhas perguntas. É um pouco como a expressão de um antropólogo ao lado de alguém cuja sociedade esteja sendo estudada, cuja língua só tenha sido parcialmente aprendida. O que na verdade mais me espanta nessa foto, como em quase todas as que tenho de nós dois, é o conforto e o contentamento que vejo nela. Minha lembrança das visitas feitas a Mary em nossos anos de adolescência é de uma extrema autoconsciência e distanciamento, como se eu estivesse vendo minhas próprias ações pelo lado de fora. Recordo-me da ansiedade que eu sentia antes de vê-la, e da sensação de alívio depois, mas não da satisfação, da profunda sensação de tranquilidade quando estávamos juntos.

Não posso dizer se um estranho conseguiria discernir nosso grau de proximidade na segunda fotografia. Somos amigos? Um jovem casal? Irmãos? Somos, na verdade, gêmeos bivitelinos. Nascemos com cinco minutos de diferença, sessenta anos atrás.

Mary desapareceu da minha vida cotidiana quando tínhamos oito anos, depois que meus pais a internaram em uma clínica para deficientes mentais, e, como os leitores do meu livro anterior saberão, dolorosamente levou tempo demais até mesmo para eu reconhecer que o acontecimento havia deixado em mim uma espécie de oceano de desassossego, que se manifestava na forma de ataques de pânico, numa luta sem fim contra a agorafobia, na minha dificuldade de lidar com alguns aspectos da minha vida pública, bem como nas minhas reações a perdas corriqueiras. Realmente, o fato de para mim ter sido tão difícil admitir meus problemas se deveu em parte ao meu medo da doença mental que Mary havia manifestado e que a fez, ou assim me pareceu quando criança, ser banida da família. Creio que, como gêmeo dela, me era duplamente difícil saber como e quando estabelecer um limite entre a natureza dela e a minha, entre a estranheza inerente de ser uma pessoa e o tipo de estranheza que levou àquilo que vi como um "ostracismo" da sociedade humana normal. No entanto, eu não tinha consciência de nada disso quando jovem. Só ao chegar à meia-idade é que comecei a entender que ser gêmeo de Mary era um fato central, talvez *o* fato central da minha vida. Tudo o que eu sentia era uma espécie de buraco branco dentro de mim, lá onde lembranças e sentimentos deveriam estar.

Eu diria que a minha primeira reação quando penso em mim como um gêmeo, e como gêmeo de Mary especificamente, é de surpresa. Sempre que lembro a mim mesmo que o aniversário dela e o meu são iguais; ou quando penso nos paralelos entre a vida dela numa clínica e a minha na faculdade onde leciono e vivo; ou quando ouço sua voz familiar ao telefone — "OiAllencomovai?", uma pergunta que ela profere como se fosse uma afirmação de uma só palavra —, tenho uma espécie de surpresa. Nossa conexão é instantaneamente desviada para longe, como se por um efeito Doppler mental que dá uma impressão de proximidade e distância ao mesmo tempo. Assim que me lembro que somos gêmeos, esqueço isso. A tristeza pela perda e a tristeza pela situação original — ter uma irmã gêmea que sempre permanecerá em grande parte indecifrável — emergem em mim nos momentos mais estranhos, por meio de reações a outras coisas, ou na música que me sinto impelido a compor, música através da qual se pode sentir que alguma realidade sombria vivenciada, até certo ponto, permaneceu.

Portanto começo este livro quase com um sentimento de descrença, e com não pouca relutância. Nunca pretendi ser escritor, e certamente não do tipo memorialista. Tenho composto música desde os dez anos de idade e sempre pensei em mim como compositor. Que meu último livro, que começou com um estudo de fobias baseado em minha própria experiência, se componha de pelo menos 50% de reminiscências, foi algo que surpreendeu a mim e a meus editores. Ainda mais surpreendente foi Mary ter se tornado sua personagem central, como se no âmago da minha ingovernável ansiedade quando estou em um lugar alto ou em lugares abertos ou fechados, ou longe do que considero território "seguro", estivessem as cóleras da própria Mary e minhas reações a elas.

Até mesmo em fotografias minhas recentes, percebo que muitas vezes pareço estar inclinando a cabeça, como na fotografia com Mary, como se abrisse espaço para ela, ou como se ela estivesse se inclinando para mim. Acho que as coisas mais reveladoras sobre nós, que estão estampadas em nossos gestos e tiques faciais e no modo de falar e de apanhar objetos, podem encerrar significados dos quais somos totalmente ignorantes. Talvez minha relutância em escrever sobre Mary não se deva só à timidez ou a escrúpulos, nem mesmo apenas ao temor que se formou em torno desse fato central da minha vida, mas também a tudo que, ao escrever sobre isso, posso estar desavisadamente revelando sobre mim mesmo.

Enquanto eu estudava para me tornar um compositor na universidade e mais tarde na França, tentando aprender como estruturar meus meios de comunicação não verbais e essencialmente emocionais, nunca me ocorreu que um dia eu precisaria usar palavras para descrever, e portanto para começar a entender, a atordoante situação em que nasci. Embora minha música muitas vezes tenha dado voz a uma tristeza desmentida por minha personalidade relativamente ensolarada, e com frequência tenha tirado suas ideias de influências contraditórias, como se expressando uma espécie de caráter gemelar em suas matérias-primas, eu não costumava pensar em mim na condição de gêmeo. Como um jovem adulto e depois como pai, lutando para encontrar a saída de uma prisão interior — as fobias e restrições psicológicas que me assolavam —, raramente me vinha a ideia de que minha experiência singular era na verdade uma experiência de contraponto, e que só quando confrontasse o sentimento de perda e a dualidade no âmago da minha vida eu começaria a alcançar algo próximo da plenitude — ou pelo menos do que Freud poderia ter chamado de "solidão normal". Até que, no final da meia-idade, as contradições que eu carregara e que não fora capaz de reconhecer ou pôr em palavras enfim exigiram algum tipo de expressão em uma linguagem que minha irmã não consegue usar, e o resultado foi meu livro anterior, *Bem que eu queria ir*.

O fato é que minha história e a de Mary são, como sempre foram, entrelaçadas. Ainda que eu jamais consiga entender como a vida é para ela, posso pelo menos escrever aquilo de que tenho certeza, algo sobre minha experiência de ser seu irmão gêmeo, algo sobre como nossas vidas se desdobraram em caminhos paralelos e sobre como as pessoas carregam e dão expressão às marcas deixadas nelas pelos outros.

2. Julho de 2005

Vou fazer uma visita a Mary em Delaware e parei para falar com o psiquiatra dela. Deveria ser uma viagem rotineira, mas na verdade não é. É a primeira vez que venho a Briarcliff sozinho. ("Briarcliff" é um nome fictício, bem como o nome de algumas pessoas neste livro, cuja privacidade deve ser preservada.) Até meus vinte e poucos anos, eu via minha irmã gêmea apenas uma ou duas vezes por ano, em visitas com meus pais. Depois passou a ser somente uma vez por ano, quando ela era trazida de Delaware para almoços de aniversário anuais. Eu fora desencorajado durante tanto tempo de desenvolver uma relação independente com ela que, uma vez adulto, fiz pouco esforço para ter uma. Nossa separação física era praticamente completada por minha agorafobia, que me impossibilitava de viajar para ir vê-la. Mas, depois que meu pai morreu e que a idade de minha mãe começou a pesar, meu irmão e eu nos tornamos responsáveis por Mary, e finalmente encontrei uma maneira de ir sozinho a Delaware e passar algum tempo com Mary lá, onde ela vive há mais de quarenta anos. Isso deu início a um lento processo de reconexão com ela.

Quando meu irmão e eu estávamos esvaziando o apartamento de nossa mãe, encontrei vários documentos velhos sobre Mary enfiados nas gavetas de uma escrivaninha. As anotações sobre a primeira avaliação de Mary em Briarcliff incluíam as seguintes observações sobre meus pais, que provavelmente não era para eles verem:

> O pai é um homem baixo, muito ansioso, que é editor da revista *New Yorker*. A mãe também é uma mulher muito ansiosa. Ambos pareceram bastante relutantes em fornecer qualquer informação sobre a natureza da ansiedade deles ou sua causa [...]. Situação e relações familiares: conforme indicado logo acima, não são claras, a não ser pelo fato de que os dois pais parece [sic] pessoas excepcionalmente ansiosas, e fiquei com a impressão de haver algum tipo de aliança de proteção mútua em curso. Não pude discernir qual é a base disso, nem ter certeza de quem estava protegendo quem. Perguntei à sra. Shawn se ela poderia fazer visitas sozinha, já que ela havia explicado a impossibilidade de eles a visitarem em função da agenda do sr. Shawn, e ela disse que achava impossível, por razões que não iria mencionar.

Meu pai, William Shawn, se tornou editor da *New Yorker* quando Mary e eu tínhamos apenas quatro anos. Durante minha infância, ele vivia sob muita pressão no trabalho, além de ter uma constituição altamente sensível e vulnerável. Assim como eu agora, sofria de fobias que cerceavam suas atividades. E, embora fosse discretíssimo sobre isso, esses tormentos particulares tornaram-se alguns dos fatos sabidos de sua vida pessoal, em parte porque tinham consequências públicas, tal como ele evitar grandes grupos de pessoas reunidas, e a revista manter em serviço um elevador operado manualmente, pois ele o preferia ao automatizado. Depois de sua morte, o fato de ele haver mantido uma relação amorosa de décadas com uma redatora da revista também se tornou conhecido — uma ironia para alguém tão tímido, cheio de tato e circunspecto como ele, que desfrutava de uma boa reputação não apenas por ser um editor respeitado, mas por aspectos de seu comportamento privado. Seja lá quem fez essas anotações em Briarcliff, não se enganou sobre a ansiedade de meus pais. As viagens para ver Mary eram muito difíceis, de formas diferentes, para cada um deles.

Se o estado de Mary era consequência da maneira como nossos pais a tratavam, ou se estava de algum modo ligado às personalidades deles, era uma questão que pairava pelo menos vagamente em todos os documentos relativos a Mary desde o início, e com certeza pairava sobre eles também. Fossem quais fossem as tensões de seu casamento, meus pais ainda se amavam, e eram amáveis e cuidadosos com os filhos. Deve ter sido confuso e deprimente ter de lidar com uma criança que, por razões desconhecidas, não respondia a eles de uma forma normal — e numa época em que o "autismo" não era nem em parte compreendido.

Quando ela ainda era uma criança, quem poderia ter certeza absoluta da natureza dos problemas de Mary, por que e como eles começaram, e se eram curáveis? Como poderiam fazer a distinção entre retardo mental e desenvolvimento intelectual atrasado em alguém de dois anos de idade? Como poderiam fazer a distinção entre trauma emocional e desordem cerebral congênita?

Sentado no consultório do dr. Trombly, não sinto como se estivesse ali apenas para falar da minha irmã. Inevitavelmente minha própria vida, a vida do meu irmão e a dos meus pais também são assunto. Há uma ironia estranha no fato de eu estar ali, porque, ao escrever o livro sobre minhas fobias, escrevi mais sobre Mary do que jamais imaginei que faria, e foi isso que me fez forcejar contra as barreiras da minha natureza e por fim ir a Briarcliff. Rapidamente conto ao dr. Trombly sobre o andamento do meu livro e sobre as mudanças na minha vida. Conto sobre meus filhos, Annie e Harold, e digo que Annie está com 21 anos, terminando a faculdade e com planos de se tornar psicóloga. Harold está indo muito bem no colégio. Conto que pretendo me casar de novo. Conto sobre meus projetos de composição e as aulas que hoje ministro em Bennington. Já que ele é amante da música, prometo enviar-lhe alguns CDs meus. Também conversamos rapidamente sobre meu irmão, Wallace Shawn, que é um dramaturgo e ator conhecido.

O dr. Trombly é um homem alto de ar entediado e barba grisalha bem aparada. Com seu terno cinza e gravata azul, escolhidos como se para ser discretos de propósito, ele se mostra confiante e parece exatamente aquilo que é — um profissional da medicina e professor universitário. Mas há nele um ar caloroso, leve e até mesmo um pouco anárquico, que surpreende assim que ele começa a falar sobre seus pacientes de Briarcliff. Percebe-se de imediato que o dr. Trombly está do lado deles.

Enquanto conversamos sobre Mary, ainda estou lutando à minha maneira para entender o significado dos termos usados em seu diagnóstico e para entender a diferença entre ela ser "retardada", como eu costumava pensar que ela fosse, e ser rotulada de "moderadamente retardada com traços de autismo e transtorno esquizoafetivo", como o diagnóstico dela agora a descreve. Também me esforço para definir em minha mente onde é que eu, na condição de seu irmão gêmeo, entro nessa história toda. Lembro vagamente de se referirem a ela como autista bem no início, quando tínhamos no máximo seis anos, na época em que os primeiros livros de Bruno Bettelheim sobre o tratamento de crianças com distúrbios emocionais estavam sendo publicados. Essa designação foi, por muitos anos, substituída pelo diagnóstico genérico de "dano cerebral" associado com retardo mental. Durante essa visita, o dr. Trombly tenta mitigar minha culpa da vida inteira sobre o "dano cerebral" de Mary, sugerindo que as evidências agora mostram, de maneira conclusiva, que a maioria das formas de autismo tem origem genética e não é resultado de algum trauma de nascimento ou de acontecimentos ocorridos após o nascimento. Ele me diz que a natureza de Mary não foi repentinamente prejudicada por sua entrada violenta no mundo — uma violência da qual participei como bebê —, mas é provável que tenha se desenvolvido no interior dela, enquanto ela própria estava sendo formada.

Mas ela é realmente "autista"?, pergunto. (No fundo reluto em categorizar Mary. Para mim, ela é apenas ela mesma.) Trombly descreve com vivacidade os traços principais do autismo e me incentiva a ler mais a respeito em vários livros novos sobre o assunto, além de escritos de Lorna Wing, que estudou os fatores genéticos relacionados ao autismo.

"Vejo o autismo como uma categoria ampla e heterogênea", ele diz, "com todas as cores do espectro. Acho que as pessoas são enganadas pela ideia, frequentemente apresentada na imprensa, de que o autismo é um transtorno só, cuja causa precisa ser descoberta com urgência. O autismo consiste em vários transtornos com muitas causas diferentes. É um dos dois principais transtornos do desenvolvimento infantil. O outro é o retardo mental (agora chamado de 'deficiência intelectual'), geralmente considerado um distúrbio que envolve diversas condições e resulta de inúmeras causas. O autismo precisa ser compreendido da mesma forma, e o conceito de espectro dos transtornos autísticos facilita essa compreensão.

"O transtorno autístico clássico (síndrome de Kanner) se caracteriza por três coisas: ausência ou severa deficiência de fala, em que a verdadeira comunicação é frequentemente substituída por frases repetidas de forma mecânica (ecolalia); falta de conexão — ou do impulso de se comunicar — com outros seres humanos, a qual, em caso extremo, pode assumir a forma de um total alheamento; e uma faixa estreita de interesses e preocupações (dos quais a pessoa autista muitas vezes tem um conhecimento e uma memória extraordinariamente detalhados), aliadas à necessidade de coerência e repetição de rotina e de ambiente.

"Em resumo, as características essenciais do transtorno autístico clássico são dificuldades de comunicação e, na esfera social, comportamentos repetitivos ou ritualísticos; e interesses estreitos", ele diz. "Essas características estão presentes desde o terceiro ano de vida, mas às vezes podem se tornar visíveis somente aos dez anos. Cerca de um terço das crianças autistas na verdade parece normal até os dois anos e depois regride — perdendo qualquer capacidade de fala que tenham adquirido, bem como a habilidade de interagir socialmente. Ainda que, claro, se dermos uma olhada em vídeos domésticos mais antigos dessas crianças, às vezes encontremos sinais que sugeriam se tratar de crianças autistas, mas que passaram despercebidos na época."

Mais tarde, em casa, em Vermont, começo a ler. No início, é difícil até mesmo entender as leituras. É difícil abandonar a noção primária de que, quando "algo está errado" com uma pessoa, esse "algo" é uma doença discreta que pode ser diagnosticada de forma simples por médicos, de que suas origens podem ser rastreadas e de que ela pode ser tratada. Que o cérebro de cada um — não importa se a pessoa está ou não incluída no grupo "saudável" — seja sua entidade única e imensamente complexa pode ser um conceito fácil de entender, mas colide com nossa necessidade de explicações simples. A doença de Mary foi descrita de formas distintas em épocas distintas de sua vida. Além do mais, revela aspectos de diferentes problemas subjacentes, sendo o autismo apenas um desses aspectos. Ela também é "intelectualmente deficiente", condição que às vezes se sobrepõe ao autismo, às vezes não. Alguns documentos sobre Mary dizem que ela também exibe sinais de transtorno esquizoafetivo.

O próprio significado do termo "autismo" mudou radicalmente durante minha vida; a ideia de um "espectro" de transtornos autísticos não tem mais que trinta anos. Demoro um pouco para reconhecer o fato óbvio de que, já que o diagnóstico é recente, pode parecer que há mais pessoas com essa doença do que se costumava pensar. Os sintomas exibidos por aqueles que se encontram no espectro são, nas palavras do escritor Roy Grinker, "provavelmente tão antigos quanto a humanidade". Ajuda lembrar — através de Uta Frith, em seu aclamado livro *Autism: Explaining the enigma* [Autismo: Explicando o enigma] — que diversas figuras conhecidas de lendas e da história poderiam muito bem ser diagnosticadas como sofrendo de "transtorno autístico clássico" se vivessem nos dias de hoje. Ela defende que grande parte do que se conta sobre os Santos Loucos venerados na Rússia desde a Idade Média até o século xix sugere que eles frequentemente exibiam traços de autismo. Como exemplo, Frith cita o comportamento obsessivo e repetitivo do "abençoado tolo" do século xix Pelagija Serebrenikova, que, durante anos, dia após dia, "colecionava tijolos e pedras soltas, os levava até um poço cheio de água e os jogava lá dentro um a um"; em seguida ele "mergulhava na água e tirava de lá as pedras que havia jogado". Ao que parece, as próprias características que poderiam tê-los tornado vítimas de abuso — seu isolamento, a mudez e certo descaso com obrigações sociais — faziam deles, nesse caso, objeto de veneração. Do mesmo modo, ela sugere que frei Junípero, lendário monge franciscano do século xx, famoso por sua inocência e seguidor de São Francisco, era autista. No século xviii, a época de *Mémoire et rapport sur Victor de l'Aveyron*, de Jean Itard, que em 1970 François Truffaut adaptou para o inesquecível filme *O garoto selvagem*, alguns daqueles que agora consideraríamos autistas eram tidos como "ferozes" ou "selvagens".

O termo "autismo", derivado da palavra grega αύτό (*autos*), que significa "self", apenas entrou para a terminologia psicológica em 1911, introduzido pelo psiquiatra suíço Eugen Bleuler no contexto de suas discussões sobre a esquizofrenia (termo também criado por ele). Autismo significa, literalmente, "selfismo". Bleuler cunhou a expressão "autismo esquizofrênico" para descrever o comportamento de esquizofrênicos que pareciam perdidos em seus pensamentos, apartados da vida, aqueles que mostravam uma indiscriminada "negligência da realidade", que deixaram de "se importar com o mundo real", aqueles cujas "ações e [...] toda atitude com a vida são insuficientemente motivadas por razões externas".

Li sobre como, uma geração depois de Bleuler, o psiquiatra infantil Leo Kanner usou o termo "autismo" para descrever um grupo de onze crianças entre dois e dez anos de idade que ele estudou por vários anos. Independentemente de terem uma inteligência mediana ou acima da média, essas crianças não estabeleciam interações sociais com outras; em vez disso, exibiam uma "extrema solidão autística". Embora algumas crianças estudadas tivessem sido anteriormente diagnosticadas como esquizofrênicas, na visão de Kanner elas mereciam um diagnóstico bem diferente; primeiro porque a esquizofrenia tende a surgir nos primeiros anos da vida adulta, e não na infância; em segundo lugar, porque não havia sinais de que estivessem tendo alucinações ou delírios, como ocorre com os esquizofrênicos. Não eram "psicóticas". Em todos aqueles casos, o extremo desligamento da criança do mundo social se tornara visível nos primeiros meses de vida. Em razão disso, ele se referiu a elas como sofrendo de "autismo infantil precoce". Ele também descobriu que essas crianças "detestavam alterações em suas rotinas, na disposição dos móveis e até mesmo no trajeto feito de um lugar a outro". Elas eram excepcionalmente sensíveis aos padrões de seu ambiente e de sua vida e queriam que eles jamais fossem alterados.

Em 1944, o pediatra austríaco Hans Asperger escreveu um estudo paralelo; ele nunca conheceu Leo Kanner, mas, como Kanner, usava o termo "autístico" para descrever as características das crianças estudadas por ele. O grupo de crianças de Asperger, apesar de partilhar com os indivíduos do estudo de Kanner uma forte deficiência em seu entendimento dos outros e uma inabilidade de interagir socialmente, tendia a ter uma noção bastante desenvolvida da linguagem, que se desenvolvia na idade normal. Muitos desses indivíduos se tornariam adultos extremamente bem-sucedidos, sobretudo em matemática e em atividades científicas, ainda que padecessem de limitações na esfera social.

Originalmente, a principal distinção entre as duas condições parecia ser o desenvolvimento precoce da linguagem em pessoas com a síndrome de Asperger. As similaridades entre elas eram: dificuldade de entender e de se identificar com os outros e o surgimento de uma faixa estreita de interesses obsessivos. Foi a psicóloga social inglesa Lorna Wing, cuja filha é autista, quem argumentou, em um artigo de 1981 publicado no periódico *Psychological Medicine*, que aquilo que hoje chamamos de "síndrome de Asperger" é na verdade uma forma de autismo de alta funcionalidade. Wing argumentou de maneira convincente que as duas condições — os indivíduos identificados por Kanner e Asperger — deveriam ser vistas como parte de um continuum, de um "espectro" de "transtornos autísticos". (Entre as fortes evidências que sustentam esse ponto de vista, estão os casos de gêmeos ou trigêmeos que partilham traços autísticos, porém em graus variados.) Por isso, hoje muitos profissionais se referem a "transtornos do espectro do autismo", com o "autismo clássico" (ou "autismo de Kanner") numa ponta do espectro e a síndrome de Asperger em outra. Para Wing e a maioria dos especialistas da área, esse espectro é resultado de anormalidades no cérebro, que são, por sua vez, resultado de vários defeitos genéticos. De acordo com Wing, até 1% da população pode fazer parte desse espectro.

Entretanto, alguns especialistas da área consideram que hoje o diagnóstico de síndrome de Asperger é feito de modo muito rotineiro e que ele deveria se limitar estritamente àqueles aos quais a síndrome causa um sofrimento significativo e para os quais é necessária alguma forma de tratamento. Outros ainda postulam que o autismo clássico e a síndrome de Asperger não deveriam ser extremidades de um continuum, e sim doenças diferentes.

Em nosso primeiro encontro, Trombly me disse que, na sua visão, algumas pessoas da área poderiam ser consideradas culpadas de difundir o diagnóstico de autismo em um segmento amplo demais da população. "Certa vez estive em um encontro sobre a síndrome de Asperger no qual um psiquiatra da plateia afirmou que 20% dos seus colegas no MIT sofriam da doença. Não! Não! Não!", ele disse, rindo. "Mas é adequado usar o termo 'autismo' relacionado a todas as doenças que se enquadram no critério geral de comunicação social deficiente e de comportamento e interesses restritos.

"O grau de especificidade desses interesses em jovens autistas pode ser bastante alarmante", continuou, "e claro que, além disso, eles podem ter uma excelente memória. Conheci um menino que era fascinado apenas por tribos nativas americanas e não conseguia parar de ler e falar sobre elas. E outro que se ocupava de tabelas de horários e mapas de rotas de trem, bonde e metrô. Para falar a verdade, uma vez ele subiu em um bonde quando ninguém estava olhando e o conduziu por seu trajeto costumeiro até que um pequeno acidente (do qual, felizmente, ninguém saiu ferido) o deteve. Desnecessário dizer que ele sabia tudo sobre como os bondes funcionam, como são os controles, os números de todos os veículos e tudo sobre a rota deles na cidade."

Ele me contou que é possível uma pessoa ser autista e ter um

Q.1. alto ou, como no caso de Mary, ser autista com habilidades intelectuais deficientes. Também conversamos sobre as reações instáveis de pessoas autistas, sua extraordinária sensibilidade.

"Elas podem ser hipersensíveis a várias coisas", ele disse, "a cheiros, comidas, e hipersensíveis ao extremo do ponto de vista auditivo, o que faz com que certos sons sejam de fato perturbadores. Você está com alguém num shopping center e a pessoa fica terrivelmente perturbada pelo barulho, pela multidão de sons. É insuportável para elas [...]. Ou então entram num recinto, ouvem o aspirador de pó e tampam as orelhas e gritam, como se estivessem sentindo dor.

"Eu gostaria de saber mais", ele respondeu com um suspiro, quando lhe perguntei sobre os diferentes "tratamentos" descritos hoje em dia aos pais de crianças autistas. "De um lado, não é justo os pais não poderem lançar mão das várias opções terapêuticas disponíveis, mas, de outro lado, é preciso ser honesto sobre o verdadeiro alcance dos possíveis resultados. Essas crianças têm trajetórias muito diferentes. Ao receberem tratamento para a linguagem, por exemplo, algumas melhoram e outras simplesmente pioram. Ainda assim, em determinado estágio essas crianças se assemelham quase totalmente. Como vão reagir ao receber certo tipo de tratamento é algo imprevisível."

A primeiríssima definição de autismo que encontro em um dicionário, no *Concise Oxford English Dictionary*, é: "mórbido alheamento na fantasia". Isso me sugere que, até certo grau, todos nós temos um lado autista. Não posso deixar de me perguntar se minha experiência com a "solidão autista" consiste no estado protegido e hipnótico em que pareço entrar quando estou compondo. Mais tarde descubro essa ideia — de que determinado tipo de autismo é uma parte da psicologia de todo mundo — expressa pelo psiquiatra e teórico psicanalítico Thomas H. Ogden em seu livro *The Primitive Edge of Experience* [O aspecto primitivo da experiência].

Leio *Uma menina estranha: Autobiografia de uma autista* e *Thinking in Pictures* [Pensando em imagens], de Temple Grandin; *A Real Person* [Uma pessoa real], de Gunilla Gerland; *Autism and Asperger Syndrome: The Facts* e *Mindblindness* [Mente cega], de Simon Baron-Cohen; *Autismo: um mundo escuro e conturbado*, de Roy Grinker; *Autism and Asperger Syndrome*, de Uta Frith. Acaba se tornando impossível para mim associar todas essas variadas leituras com a Mary que eu conheço e com a Mary ao lado da qual cresci. Não consigo absorver tudo e não consigo sintetizar a informação. Me pego rejeitando os livros, até mesmo rejeitando a ideia de que haja qualquer coisa *errada* com Mary.

Só depois de ler onze estudos de caso originais de Kanner, em seu artigo de 1943 "Transtornos autísticos de contato afetivo", é que tenho um choque de reconhecimento. Claro, Mary não se parece com todas as pessoas descritas ali, nos mínimos detalhes. E cada estudo de caso de Kanner difere, até certo ponto, dos outros — cada pessoa é única. Mas há um padrão, e tem algo a ver com isolamento social, com uma inabilidade para se comunicar e entender os outros. O comportamento de Mary, tão incomum no contexto do número 1150 da Quinta Avenida de Manhattan, encontra aqui um contexto geral em que ela é parte de um padrão.

Leo Kanner, assim como Hans Asperger, Bruno Bettelheim e a jovem médica que foi a primeira a estudar o caso de Mary, Herta Wertheim, era um refugiado austríaco e dirigia o Hospital Universitário Johns Hopkins, em Baltimore, quando levou a cabo seus estudos revolucionários. Filho de judeus ortodoxos, nascera no minúsculo vilarejo de Klekotow, na Ucrânia, e passara seus anos de adolescência em Berlim, onde se saiu muito bem em ciências e foi o único judeu em um colégio não judeu. Aos 24 anos, com um diploma de medicina mas sem experiência clínica como psiquiatra, teve a visão de emigrar para a América. (Vários de seus familiares permaneceram na Europa e morreram nos campos de concentração.)

As observações de Kanner sobre os traços da personalidade autista começaram em casa. Seu pai e seus avós eram, segundo seu relato, inexpressivos e emocionalmente vazios; ele até mesmo os chamou de "paradigmas, em vez de pessoas reais, de carne e osso". Seu pai tinha um dom às vezes associado com indivíduos do espectro autístico: uma memória fenomenal, quase fotográfica para textos e rostos. Kanner parece ter herdado esse dom, além do lado socialmente desajeitado do pai.

Ao estudar onze crianças, que ele descreveu como padecendo de um "transtorno autístico congênito de contato afetivo", Kanner se convenceu de que a inabilidade delas de se relacionar com outro ser humano — e talvez até mesmo de compreender a realidade dele — não constituía o "alheamento" psicológico gradual do mundo social pertinente à esquizofrenia, mas, em vez disso, derivava de uma inabilidade social inata. Essas crianças "vieram ao mundo com uma [...] inabilidade para formar o costumeiro e biologicamente garantido contato afetivo com pessoas, do mesmo jeito que outras crianças vêm ao mundo com deficiências físicas ou intelectuais inatas".

Surpreendentes e ao mesmo tempo familiares para mim nos relatos de Kanner são os testemunhos de pais contando como tentam lidar com o que parecem ser os comportamentos bizarros de seus filhos, ou com a ausência de comportamentos esperados. Os pais contam que, ao olhar para trás, percebem que a ausência de comunicação começou muito antes da época em que se esperaria a fala ou até mesmo os sorrisos. Nos relatos de Kanner, as mães recordam a própria surpresa ao se dar conta de que o filho de seis meses ou de um ano nunca reagia fisicamente quando estava prestes a ser pego por alguém, permanecendo, em vez disso, inerte. (Até mesmo bebês de quatro meses tensionam os músculos do rosto e fazem movimentos de erguer os ombros quando percebem que alguém vai pegá-los no colo.) Tampouco ajeitavam o corpo como os bebês costumam fazer ao serem segurados. Na verdade, eles pareciam não se *importar* de estarem sendo segurados. Os pais acabavam se dando conta de que era extremamente difícil despertar a atenção do filho e que, mesmo mais tarde, qualquer comunicação interativa com a criança era rara. Quando o filho chegava aos três anos de idade, os pais relatavam a Kanner coisas como:

Ele não percebe quando alguém chega ou sai.

Ele não quer que eu o toque ou que coloque meu braço à sua volta.

Ele caminha como se numa sombra, vive em um mundo próprio, onde ele não pode ser alcançado.

Toda sua conversa é uma repetição do que quer que lhe tenha sido dito.

Ele se mantém distante das demais crianças, exceto quando toma parte no grupo; mas se há alguma música tocando, ele assume a dianteira e canta.

Ele nunca fez uma pergunta nem respondeu a uma.

Na maior parte das vezes ela fica quieta, já que sempre fez coisas e brincou sozinha.

Ela não se relaciona com crianças [...]. Ela se movimenta entre elas como um ser estranho, como alguém se movimenta entre os móveis de um cômodo.

Embora algumas crianças levadas a Kanner houvessem sido descritas como "fracas da cabeça" ou esquizofrênicas, Kanner percebeu que, consideradas no conjunto, elas manifestavam várias características comuns que sugeriam uma "'síndrome' única, até então não relatada", que era distinta da esquizofrenia e não vinha necessariamente acompanhada de Q.I. baixo. O "transtorno fundamental é a *inabilidade da criança em se relacionar* da maneira comum com pessoas e situações desde o começo da vida", ele escreveu. "Há, desde o início, uma *extrema solidão autística*." Como era bastante difícil se comunicar com elas, muitas crianças estudadas por Kanner haviam sido, em algum momento, consideradas surdas. Mas Kanner interpretou seu alheamento ao que lhes era perguntado ou dito como "uma necessidade todo-poderosa de ser deixado sozinho, sem ser perturbado", uma urgência em continuar em sua rotina própria e repetitiva. "Tudo que é trazido para a criança do mundo externo, tudo que altera seu ambiente externo ou mesmo interno, representa uma temível intromissão." Tais intromissões podiam incluir comida, "barulhos altos e objetos em movimento", mudanças na disposição dos móveis ou em um padrão esperado em um desenho, ou a interrupção de um cronograma diário.

Quanto a isso, argumentava Kanner, tais crianças diferiam profundamente dos esquizofrênicos. Enquanto um esquizofrênico sabe o que significa estar em contato com o mundo e o abandona de forma deliberada, essas crianças, ao crescer, vão se aproximando aos poucos do mundo — por exemplo, respondem a "perguntas" e a "comandos" a elas dirigidos, e o fazem "o quanto antes para poder voltar à sua ainda muito desejada solidão".

Os pais relataram como seus filhos necessitavam de uma vida de repetições. "Ele quase nunca diz uma frase sem repeti-la. Ontem, ao olhar para uma fotografia, ele disse várias vezes: 'Vacas paradas na água'. Contamos cinquenta repetições, então ele parou depois de mais outras tantas e em seguida recomeçou." As crianças insistiam que objetos e pessoas do seu mundo permanecessem exatamente em seu lugar habitual em uma hierarquia organizada: "Ele fica perturbado quando o sol se põe. Fica perturbado porque a lua nem sempre está no céu à noite". E, apesar de parecerem jamais dar sinais de empatia com outras crianças, elas às vezes se identificavam com coisas inanimadas. "Ele surta quando o pão é colocado no forno para torrar, e fica com medo de que ele queime e sinta dor." Pessoas, ao contrário, eram muitas vezes vistas como objetos: "Ela logo aprendeu o nome de todas as crianças, sabia a cor dos olhos delas, a cama na qual dormiam e vários outros detalhes, mas nunca travou relação com elas". "Ele jamais olhava para o rosto de ninguém" e se alguém pegava ou pisoteava um objeto com o qual estivesse brincando, ele "ficava bravo com a mão ou com o pé, que era tratado como algo autônomo e não como parte de uma pessoa".

Tal como os pacientes de Asperger, todos os indivíduos estudados por Kanner tinham dificuldades com pronomes. Era quase como se não entendessem sua necessidade. Já que a linguagem é aprendida por meio da imitação, essas crianças simplesmente copiavam os pronomes que ouviam. Quando queriam alguma coisa, referiam a si mesmas na terceira pessoa ("Mary quer biscoito"). Quando se machucavam, faziam mímica imitando as advertências que tinham ouvido e se referiam a si próprias na segunda pessoa ("Você vai se machucar").

Eu mencionara a Trombly que estava relendo Bettelheim. Nos anos 1950 e 1960, Bettelheim e alguns outros especialistas em doenças mentais infantis naturalmente se concentraram na possibilidade de uma cura e, com base naqueles que podiam ser tirados do seu estado de retraimento social, afirmaram de modo genérico que o autismo não era congênito, mas uma resposta a algum trauma e à rejeição dos pais — sobretudo da mãe. Quando os médicos que examinavam Mary pronunciaram pela primeira vez a palavra "autística", o termo podia ter sugerido aos meus pais que ela era mentalmente traumatizada, assim como alguns pacientes de Bettelheim que apresentavam tendências "autísticas" similares.

"Sim, é a velha ideia da 'mãe-geladeira'", Trombly dissera. "E o que Bettelheim teria a dizer sobre gêmeos, quando um deles se torna autista e o outro se desenvolve de forma normal? Ele diria que a mesma mãe, num mesmo momento de sua vida, era fria e rejeitava um dos filhos, a ponto de comunicar o desejo de que o filho deixasse de existir, enquanto era calorosa e afetuosa com o irmão gêmeo desse filho. Isso poderia acontecer muito, muito raramente, em alguns casos bizarros, mas parece improvável demais, para dizer o mínimo."

Nosso pai publicou vários trabalhos de Bettelheim, na íntegra ou em partes, na New Yorker. Entre eles estava The Uses of Enchantment [As funções do encantamento]. Bettelheim também foi em defesa, como se sabe, de Eichmann em Jerusalém, de Hannah Arendt, outra obra publicada na New Yorker. Portanto, seu nome aparecia frequentemente em conversas da família. Sua visão sobre o autismo, quando pela primeira vez tomei conhecimento dela, me deixou confuso quanto às causas da doença de Mary.

Recordo-me de olhar durante muito tempo para a capa de A fortaleza vazia, de Bettelheim, quando eu era adolescente, pensando que ele continha as respostas para o mistério do que havia de errado com Mary. A imagem de uma garotinha segurando uma boneca, perdida em pensamentos enquanto alisava o cabelo dela, me fascinava. Na capa, a menina está usando um vestido escuro que tem a gola contornada com pequenas contas metálicas. Com a mão esquerda, ela segura o brinquedo perto de si, tapando a boca da boneca, mas deixando seus olhos grandes à mostra. Em contraste, ela própria está olhando para baixo, com os olhos entristecidos, que sugerem, porém, profunda concentração, enquanto a palma de sua mão acaricia o cabelo da boneca. Por um lado, é como se a menina fosse um médico e a boneca, seu silencioso e insondável paciente. Por outro, a boneca poderia ser seu eu oculto e silencioso.

Os primeiros escritos de Bettelheim foram ensaios eloquentes sobre o impacto psicológico de sobreviver nos campos de concentração (ele passou um ano como prisioneiro em Dachau e Buchenwald), nos quais traçava paralelos e comentava as diferenças entre a "síndrome de sobrevivente dos campos de concentração" — a incapacidade de se "reintegrar" depois de suportar sofrimentos extremos e a iminente ameaça de morte vivenciados nos campos — e a psicose experimentada em circunstâncias normais de vida:

> A pessoa psicótica surta porque investiu figuras significativas em seu ambiente do poder de destruí-lo e à sua integridade. [... Enquanto] a pessoa psicótica acredita apenas ilusoriamente que existam figuras todo-poderosas que controlam sua vida e planejam destruí-la, o prisioneiro do campo de concentração observou, de forma correta, que aqueles em cujo poder absoluto ele se encontrava haviam, de fato, destruído outros como ele e tendiam a destruí-lo também.

Bettelheim descobriu sua vocação na Chicago dos anos 1950, trabalhando com crianças que sofriam de distúrbios graves — muitas das quais apresentavam traços do que então se chamava de "autismo infantil" — como diretor da Escola Ortogênica da Universidade de Chicago. Conforme afirmou Bertram Cohler, antigo paciente do hospital-escola que acabou se tornando professor da universidade, Bettelheim transformou a escola numa espécie de imagem espelhada dos campos.

A abordagem de Bettelheim do tratamento baseava-se na suposição de que a violência extrema, o isolamento ou a tendência autodestrutiva daquelas crianças eram sua reação "lógica" a um ambiente que viam como ameaçador à sua própria existência. De acordo com Cohler, a meta da escola era acolher crianças consideradas incuráveis, crianças que "ninguém aguentava", e oferecer-lhes um ambiente no qual elas se sentissem bem cuidadas e seguras. Era tarefa da equipe encontrar maneiras não ameaçadoras de conter a raiva, a rebeldia e as tendências autodestrutivas dessas crianças até que, ainda que aos poucos, elas relaxassem e alterassem os padrões de comportamento — que iam desde inspirar medo nos outros até extremos de autoprivação, tal como anorexia, recusa em defecar, e daí por diante — provenientes de seu ambiente original. Já que tais crianças haviam aprendido a desconfiar de adultos, até o prédio foi projetado para inspirar sentimentos de segurança antes mesmo da equipe. Cada criança possuía seu próprio espaço, tido como inviolável — sua própria cama, seus próprios pertences. As portas não eram trancadas. Até mesmo a porta de entrada só podia ser trancada por dentro. Se uma criança fugia, era seguida com gentileza, e não perseguida de uma forma que a fizesse se sentir ameaçada. Quando uma criança representava um perigo para si própria e para os outros, métodos engenhosos eram pensados para protegê-la de seu comportamento sem, na maioria dos casos, que fosse praticada nenhuma violência contra ela. Por exemplo, quando uma criança tinha o hábito de jogar móveis pesados nas pessoas, em segredo a equipe afixava os móveis no chão, para que a criança soubesse que eles podiam controlar os efeitos danosos de suas ações sem contê-la fisicamente.

Bettelheim relatou suas atividades com crianças autistas em vários trabalhos de fôlego, que culminaram com *A fortaleza vazia*, de 1967. Até mesmo o título e o subtítulo, *A fortaleza vazia: O autismo infantil e o nascimento do ego*, revelam a interpretação essencialmente psicológica que Bettelheim dava à doença. Na introdução, ele explicita sua ligação pessoal com o estado em que encontrava essas crianças, e com tudo que isso implica: "Algumas vítimas dos campos de concentração perderam sua humanidade como resposta a situações extremas. Crianças autistas se retiram do mundo antes que sua humanidade se desenvolva". O livro deixa clara a crença do autor de que, independentemente de qualquer causa médica para o autismo infantil que um dia venha a ser descoberta, no seu modo de ver "o fator desencadeante do autismo infantil é o desejo dos pais de que a criança não existisse. Embora o mesmo desejo possa não causar os mesmos distúrbios em outras crianças, e embora no futuro possamos vir a descobrir algum fator orgânico como precondição para o autismo, o fato é que quase todos os estados orgânicos até hoje relacionados à doença também estão presentes em crianças não autistas". Ao mesmo tempo, ele sustentava a ideia de que a resposta dos pais ao comportamento de indivíduos autistas na realidade os pune ainda mais em razão dos problemas que eles causam à família.

Seus livros sobre o assunto sugerem que o índice de êxito da escola era impressionante, com "oito entre quarenta crianças para as quais os resultados da terapia foram 'fracos' porque, apesar da melhora, elas não conseguiam fazer o ajustamento social necessário para manter-se em sociedade. Para quinze o resultado foi 'razoável' e para dezessete, 'bom'". Ele prossegue: "Algumas das quinze cujo resultado classificamos como 'bom', ainda que completamente aptas a ter sentimentos em uma relação de mão dupla, demonstram uma capacidade de empatia abaixo do normal [...]. Não respondem quando os sentimentos dos outros não coincidem com os seus".

Bettelheim conclui que, se aqueles treinados em seus métodos intervêm cedo, é possível reverter o curso do que é, na essência, um distúrbio emocional no desenvolvimento precoce de um ser humano potencialmente mais normal: "Essas descobertas consequentemente sugerem mais uma vez que, no caso do autismo infantil, não estamos lidando com um distúrbio congênito de contato afetivo, e sim com uma programação congênita que não vai poder ser contida por muito tempo".

Ouvi falar da Escola Ortogênica de Bettelheim quando eu era adolescente (a palavra "ortogênica" significa "crescimento correto") e muitas vezes tive a fantasia de que Mary pudesse se curar lá. Lembro de nosso pai admitindo ter a mesma fantasia, mas não sei se ele ou nossa mãe alguma vez chegou a falar com Bettelheim sobre Mary, muito menos se sugeriram uma avaliação médica. Bettelheim era mencionado com reverência em casa. Naquela época, nas conversas da família pessoas de tal estatura heroica eram referências morais, quase como se houvessem transcendido a condição de meros humanos e se tornado formas platônicas, abstrações: essas pessoas — W. H. Auden, Dag Hammarskjöld, o próprio Bruno Bettelheim e até mesmo o jornalista de televisão Eric Sevareid — eram idealizadas como irrepreensíveis do ponto de vista ético, incapazes de intenções duvidosas ou de venalidade; em suma, eram praticamente perfeitas. Tais pessoas — esta era a opinião implícita em nossa família — eram passíveis de cometer "erros", mas se podia confiar nelas como as pessoas mais bem-intencionadas de todos os tempos. Consequentemente, de alguma forma ficava subentendido que nosso pai se enquadrava nessa categoria, apesar de suas óbvias fraquezas e complexidades (algumas ainda permaneciam ocultadas de nós). Assim como na *New Yorker*, quando se escrevia sobre figuras importantes, de algum modo os aspectos desagradáveis, perturbadores, disfuncionais ou destrutivos de sua humanidade desapareciam, a verdadeira complexidade de nosso pai e os conflitos de sua natureza e de seu cotidiano sofriam algum tipo de censura lá em casa.

Até os relatos mais negativos sobre o trabalho e a personalidade de Bettelheim começarem a aparecer, nos anos imediatamente seguintes à sua morte, eu havia pensado nele como alguém imaculado — uma espécie de curandeiro e uma pessoa corajosa e honesta. Que ele aparentemente tivesse um lado tirânico e sádico, e que tenha sido até mesmo culpado por certo grau de fraude no relato de sua formação profissional e história pessoal, me surpreendeu, claro, quando fiquei sabendo disso. Então, como muitas pessoas, de alguma forma cheguei a associar seu suicídio em 1990, com 86 anos, com os mesmos conflitos de sua personalidade que o haviam levado a fabricar algumas credenciais falsas para si próprio e a exagerar o êxito de seus métodos, maltratando alguns pacientes seus e talvez até mesmo plagiando trechos-chave de The Uses of Enchantment (acusação que não foi comprovada). Muito embora a morte de sua mulher e a perda irreversível de sua capacidade de trabalho, como consequência de sua saúde decadente, com certeza tivessem sido motivos suficientes para que ele escolhesse encerrar a própria vida, quando o fez.

Quando, recentemente, reli vários de seus textos e o vi falando sobre a Escola Ortogênica em dois documentários da BBC feitos em meados da década de 1980, foi impossível não admirar alguns aspectos do trabalho de Bettelheim ou os insights sobre a personalidade humana retratados neles. Se era capaz de curar, ainda que parcialmente, muitos de seus pacientes, isso é um lembrete de que aquilo que chamamos de "sintomas autísticos", como a maior parte dos sintomas psicológicos e fisiológicos, pode ter inúmeras causas (genéticas, pré-natais, perinatais, pós-natais e em diversas combinações), e, apesar de com frequência esses sintomas permanecerem inalterados pelo tratamento, em alguns casos podem responder a ele ou até mesmo diminuir como resultado das experiências de vida. É um lembrete do que às vezes pode ser obtido quando se consegue oferecer a uma pessoa perturbada atenção dedicada ao longo de muitos anos, sob condições que permitam que o cuidador responda àquilo que os sintomas do paciente estão expressando, em vez de simplesmente suprimi-los.

Em *Autism: Explaining the Enigma*, Frith relata como, em 1989, ao fim da ditadura de Ceausescu na Romênia, cerca de 165 crianças órfãs de seis a dezoito meses foram resgatadas de condições aterrorizantes de privação e negligência em instituições romenas e adotadas por famílias inglesas, nas quais seu progresso foi rastreado e estudado com cuidado. Quando chegaram à Inglaterra, as crianças estavam "subnutridas e abatidas". Depois de atingirem quatro anos de idade, onze delas ainda "exibiam características que lembravam muito o autismo: [...] dificuldade de estabelecer relações sociais normais [...] linguagem deficiente". Elas "se preocupavam com cheiros e sons [...] e tinham interesses bastante limitados, por exemplo por relógios, aspiradores de pó ou canos". Mas até mesmo essas onze crianças haviam superado parcial ou integralmente esse estado quando chegaram aos seis anos, confirmando, nas palavras de Frith, "que na verdade não eram autistas. Em vez disso, sofriam de um retardo de desenvolvimento em alguns aspectos de seu desenvolvimento social e não social que pode se assemelhar ao autismo". Mais adiante, ela explica isso como um tipo de "quase autismo": "Uma combinação de deficiência intelectual e prolongada privação social e sensorial pode levar a um atraso reversível no desenvolvimento de alguns sistemas cerebrais". Porém, "no autismo verdadeiro, os próprios sistemas cerebrais são defeituosos e não se desenvolvem da maneira adequada nem mesmo com ampla estimulação. Já nos casos de 'quase autismo', os sistemas cerebrais se mostram capazes de recuperação assim que a estimulação adequada é fornecida".

Em seus textos, Bettelheim sugere a existência do que se pode chamar de "efeito de ondas concêntricas" em uma família na qual exista uma criança deficiente. Apesar de não atribuir exclusivamente à mãe a culpa pelo isolamento ansioso da criança em relação ao mundo, como alguns de seus detratores o acusam de ter feito, ele de fato enfatiza que a relação entre pai e filho é recíproca, citando Anna Freud: "A mãe pode ser vivenciada pela criança como uma fonte de rejeição devido a inúmeras razões diferentes, relacionadas com suas atitudes conscientes ou inconscientes, seus defeitos físicos ou mentais, sua presença ou ausência física, suas inevitáveis preocupações libidinosas, suas agressões, suas ansiedades etc. [...] [Ela] pode influenciar, distorcer e determinar o desenvolvimento [da criança], mas não pode produzir nem neurose nem psicose". Ao que Bettelheim acrescenta: "Dessa forma, a reação inicialmente autística da criança pode ser precipitada por uma variedade de condições, mas se essa reação temporária vai se tornar uma doença crônica é algo que dependerá da resposta do ambiente".

Embora a pessoa mais envolvida desde o início em estudar o caso de Mary, Herta Wertheim, que fora, ela própria, aluna de Anna Freud, estivesse convencida de que o autismo era um distúrbio do cérebro, a suspeita subjacente de que uma criança defeituosa era reflexo de pais defeituosos com certeza assustava meu pai e minha mãe, e pode até mesmo tê-los distanciado de Mary em termos psicológicos. Em alguns casos, meus pais aí incluídos, um aspecto do efeito de ondas concêntricas aludido por Bettelheim pode ter brotado de suas próprias teorias: a desnecessária culpa sentida por pais de indivíduos geneticamente deficientes.

Nas semanas e meses subsequentes à minha primeira visita solo a Briarcliff, alternei momentos de compreensão e confusão. Entendi que muito mais havia se descoberto sobre o cérebro desde a minha infância. Agora é mais bem compreendido o fato de que, assim como a habilidade linguística, ou a habilidade de prestar atenção em alguma coisa, ou a memória, ou milhares de outras faculdades, a disposição social e a habilidade de identificação com os outros não são simplesmente adquiridas nos primórdios da vida, mas cultivadas em áreas do cérebro preparadas especificamente para isso. Nossos cérebros estão equipados para fazer com que nos identifiquemos com os outros. (Por exemplo, li sobre os chamados neurônios-espelho, que se considera serem ativados em cérebros "normais" quando estamos observando ou escutando outras pessoas desempenharem atividades humanas. Tais neurônios-espelho disparam em nós reações empáticas físicas e emocionais, ajudando-nos a "nos identificar".)

E afinal compreendi que pessoas como Mary tendem a nascer com deficiências nessas áreas do cérebro, e que tais deficiências costumam ter origem genética, mesmo que o mapeamento genético específico ainda seja múltiplo e complexo demais para ser completamente entendido. Isso foi confirmado por uma conversa que tive há pouco tempo com a dra. Abha Gupta, pesquisadora adjunta do departamento de pediatria e estudos da criança da Faculdade de Medicina da Universidade Yale. Perguntei a ela o que sabemos a esta altura sobre os fundamentos do autismo. Ela me disse que "se estima que 90% da variação clínica (a maneira como o transtorno se manifesta nas pessoas) deva-se à variação genética, o que dá aos transtornos do espectro do autismo a evidência mais forte de uma base genética, entre todos os transtornos neuropsiquiátricos mais complexos, inclusive depressão, transtorno bipolar e esquizofrenia. Estudos sobre gêmeos sugerem que a etiologia dos transtornos do espectro do autismo pende na direção da genética, embora fatores ambientais também possam muito bem estar envolvidos". Ao mesmo tempo, ela explicou, "hereditariedade" é uma questão muito mais complexa do que a maioria das pessoas supõe. Pesquisas sobre as origens genéticas específicas dos vários aspectos do autismo sugerem uma variedade de caminhos levando até essa condição. "Hoje em dia, nenhum gene (ou mesmo genes) explica de forma definitiva a considerável proporção de casos", ela continuou. "Cerca de 10% a 20% dos casos estão associados a mutações genéticas específicas, síndromes genéticas e anormalidades cromossômicas. Entretanto, individualmente essas condições genéticas contribuem para apenas 1% ou 2% dos casos. Exemplos são a síndrome do X frágil (que causa deficiência intelectual), a esclerose tuberosa (que causa anormalidades cerebrais, entre outras deficiências), mutações no gene sináptico Shank3 e alterações no número de cópias no locus cromossômico 16p11. Há uma porção de genes candidatos com níveis variáveis de evidência passíveis de serem associados com o autismo. Se tudo isso soa impreciso é porque dissecar a etiologia genética de um transtorno clínica e geneticamente tão heterogêneo como o autismo é algo bastante desafiador. Entretanto, estamos progredindo. Por exemplo, alguns desses genes candidatos convergem para a sinapse neural, o que não é nenhuma grande surpresa, já que a sinapse é a unidade funcional mais importante do sistema nervoso central. Isso joga alguma luz sobre a patofisiologia do transtorno e sugere a possibilidade de um dia desenvolvermos tratamentos mais adequados. A história da síndrome do X frágil, da síndrome de Rett e da esclerose tuberosa, agora mais bem compreendidas e para as quais novos tratamentos estão sendo desenvolvidos, é inspiradora para nós."

Tanto Kanner quanto Asperger perceberam paralelos entre alguns traços de personalidade de seus pacientes "autistas" e aqueles de seus pais. De acordo com Frith, "em virtude do surgimento recente de evidências convincentes para as causas genéticas do autismo", está ficando claro que "as intuições clínicas" a respeito "não estavam equivocadas. Estudos bem controlados têm mostrado que tanto pais quanto mães podem ter alguns dos mesmos traços que seus filhos, muitas vezes em versões mais brandas".

Brett S. Abrahams e Daniel H. Geschwind, ao escrever em maio de 2008 no periódico *Nature Reviews Genetics*, manifestaram-se da seguinte maneira sobre o elo familiar:

> O autismo tem uma forte base genética. Diversas linhas de evidência sustentam fatores genéticos como uma causa predominante dos TEA [transtornos do espectro do autismo]. Em primeiro lugar, o crescente campo da literatura demonstra que mutações ou variações estruturais em qualquer dos vários genes podem aumentar de forma expressiva o risco da doença. Em segundo lugar, o risco relativo de uma criança ser diagnosticada como autista aumenta pelo menos 25 vezes em famílias nas quais um dos irmãos é afetado. Em terceiro lugar, irmãos e pais de uma criança afetada têm mais tendência que indivíduos de controle de apresentarem características cognitivas e comportamentais sutis similares do ponto de vista qualitativo às observadas em probandos [os indivíduos originalmente diagnosticados como portadores da doença] [...]. Em quarto lugar, estudos independentes com gêmeos, embora poucos, indicam que índices de concordância para gêmeos monozigóticos (70%-90%) são várias vezes mais altos do que os valores correspondentes para gêmeos dizigóticos (0%-10%).

Provavelmente sempre precisarei fazer um esforço consciente para ligar a Mary que é parte da minha vida com as informações científicas sobre "retardo mental" e "autismo" que apreendi. A despeito de suas chamadas "características autísticas", Mary está longe de se manter alheia ao mundo a seu redor, e com frequência parece extraordinariamente presente e engajada. Na maior parte dos casos, olha para as pessoas que falam com ela. Muitas vezes sorri. Ao mesmo tempo, sua impaciência, seu nervosismo e sua frustração, até mesmo suas risadas inexplicáveis e explosões de resmungos, são constantes lembretes de forças e reações dentro dela que continuam sendo um mistério.

Os livros sobre autismo são escritos por pessoas não autistas. Testes de inteligência são criados pelos "vencedores neurológicos", os indivíduos verbais. E aquelas coisas que não podem ser compreendidas de fora e não podem ser mensuradas? Às vezes, mundos internos inteiros vêm à luz naqueles que mal podem falar. Um desses casos é a música composta de maneira surpreendente no final da vida pelo filho autista quase não verbal do escritor japonês Kenzaburo Oe. Felizmente, há os escritos de Temple Grandin e Gunilla Gerland e de mais algumas poucas e preciosas pessoas sobre o "espectro do autismo", que falam em primeira mão sobre si mesmas. Mas já que habilidades limitadas de comunicação e dificuldades de interação social estão no âmago desse estado, é raro ter a oportunidade de ouvir pessoas autistas contando de suas experiências de vida.

Acredito que, mesmo que eu nunca possa "compreendê-la" em termos normais, sempre relutarei em definir Mary com base no que há de defeituoso nela; não quero fazer isso, assim como não quero definir a mim mesmo apenas como uma pessoa com fobias ou apenas como alguém de estatura baixa. Ela é quem ela é.

Quando volto para casa depois da minha primeira viagem sozinho a Briarcliff, não consigo deixar de tentar reconstruir o caminho que nossas duas vidas tomaram, olhando para nossas histórias através das lentes da nossa gemelidade. Se reluto em categorizar Mary, digo a mim mesmo, provavelmente é porque diagnósticos são, por definição, generalizações toscas, imperfeitas. Os "anormais" são tão incoerentes em seu modo de ser quanto os "normais". Quando você examina alguém de perto, todo mundo transcende a categorização. Todo mundo é um espectro. Todo mundo quebra as regras.

3. Juntos

Tudo indica que um número de pessoas bem maior do que se imagina começa a vida no útero de sua mãe tendo ao lado um gêmeo que nunca chega a nascer. Embora especialistas em desenvolvimento discordem sobre se a "perda de gêmeos" que ocorre no útero deixa uma marca psicológica no embrião sobrevivente, não há divergência sobre o fato de que cerca de 12% das gestações começam gemelares e apenas 2% delas resultam em nascimentos de gêmeos. Gêmeos idênticos são formados quando um zigoto (ovo fertilizado) se divide em dois embriões (em geral nos primeiros treze dias depois da fecundação). Os chamados gêmeos bivitelinos, gerados de dois óvulos fertilizados por dois espermatozoides, são três vezes mais comuns do que os gêmeos idênticos, mas, diferentemente destes, são ainda mais comuns em algumas culturas do que em outras. Por exemplo, na tribo iorubá, da Nigéria, de cada onze gestações uma produz gêmeos. Tais gêmeos "dizigóticos" não apresentam mais semelhanças genéticas do que qualquer dupla de irmãos. Isto é, cada um deles tem 50% do DNA de cada pai, como todos os irmãos. Na "grande maioria dos casos", eles também se encontram separados em dois sacos amnióticos durante a gestação, ligados por uma fina membrana.

Ainda assim, de acordo com Alessandra Piontelli — que em seu livro *Twin: From Fetus to Child* [Gêmeos: Do feto à criança] sintetizou o desenvolvimento pré-natal de gêmeos, até mesmo durante o que ela descreve como uma vida "mais próxima do alheamento [...] do que do estado de alerta" —, o desenvolvimento de um gêmeo começa a afetar o outro por meio de movimentos "a partir da nona semana". Catorze semanas depois da fecundação, gêmeos já ensaiam movimentos como passar a mão no rosto e dar pequenos passos, muitas vezes chutando seu irmão e causando uma instintiva "resposta de fuga". De forma incrível mas não surpreendente, os padrões de comportamento identificados em cada gêmeo durante a vida intrauterina por meio de ultrassom parecem corresponder àqueles posteriores ao nascimento. "Gêmeos apáticos continuam apáticos, gêmeos agitados continuam agitados", como acontece também com "gêmeos que se 'excitam' com facilidade".

Nossa amnésia da primeira infância faz com que pareça demorar anos até que o "alheamento" pré-natal se desbote. Não temos lembrança do choque do nascimento e, independentemente de quão vívidas tenham sido nossas experiências, uma espécie de névoa da infância envolve qualquer lembrança de nossa vida precoce com uma bruma onírica. Com certeza, todo o intenso aprendizado, toda a intensa criação de laços afetivos e sensações, e a apreensão dos primeiros dias de uma pessoa são ainda mais agudamente vitais por serem novos em folha. Nós com certeza carregamos as cicatrizes dessa época e refletimos seu impacto para sempre.

Vinte e sete de agosto, verão de 1948: 00h57, nasce Mary; 1h02, nasço eu. Nascemos prematuros, seis semanas antes do previsto. Nossa mãe havia perdido dois bebês em gestações anteriores, o primeiro alguns anos antes e o segundo alguns anos depois do nascimento do meu irmão. Ela está feliz da vida. Nosso pai está em casa, gripado. Ele e nosso irmão de cinco anos recebem a notícia do nascimento dos gêmeos pelo telefone: "Gêmeos! Um menino e uma menina!". Gêmeos eram uma surpresa naqueles dias, e eles ficam estupefatos. Somos pequeninos por questões genéticas, por sermos gêmeos e por termos nascido tão cedo. Pesamos dois quilos e cinquenta gramas cada um. Somos colocados em incubadoras e lá ficamos por seis semanas. Depois de todo esse tempo no hospital, estamos em casa. Nosso pai, que antigamente achava o mundo um lugar difícil demais para trazer mais pessoas para ele, mas que, depois de dezoito anos de casamento, enfim mudara de ideia, está nos erguendo acima de sua cabeça, alegre e maravilhado. Nosso irmão, vestido com uma camisa branca de mangas curtas e macacão de veludo cotelê, está posando para fotos, segurando nós dois, um em cada braço.

No terceiro ou quarto ano do colégio, solicitado a escrever nossas "autobiografias", resgatei uma lembrança precoce: eu em pé diante de uma mancha vermelha e sem forma que havia pintado, dizendo se tratar de uma bruxa. Na minha memória, alguns amigos dos meus pais, segurando drinques nas mãos, me pediam para explicar quem era a bruxa.

Mais adiante, nessa "autobiografia", evoco uma lembrança que na realidade deve remontar a uma época anterior. Minha irmã e eu estávamos em berços contíguos, nos balançando para a frente e para trás no mesmo ritmo. Batíamos a cabeça de mansinho, mas seguidas vezes, nas cabeceiras. Escrevi sobre esse "ritual noturno" até certo ponto desprovido de sexo, mas ainda assim ciente de que era uma experiência privada, colaborativa e até mesmo intensa. O fato de eu tê-la chamado de "ritual" mostra que instintivamente eu sabia que a experiência era estabilizadora, calmante e necessária. Tratava-se de uma rotina noturna do período em que eu e minha irmã ainda não dormíamos em quartos separados. Se fecho os olhos para o meu mundo e para as minhas responsabilidades de hoje, consigo me imaginar mais uma vez lá, de gatinhas, olhando através das grades brancas do meu berço para a figura balançante de Mary, difusa no escuro, mas ainda visível à luz dos postes de Manhattan que entrava pela veneziana. Ouço os rangidos das camas, ouço o som das cabeceiras sendo golpeadas, sinto o colchão sob os joelhos.

Mas é impressionante como não consigo encontrar muito mais na memória dos meus primeiros três anos de vida, e estranho que eu localize apenas essa atividade noturna e um solitário borrão vermelho, quando lá procuro.

Na verdade, inicialmente partilhávamos o mesmo berço, e esse ritual pode muito bem ter começado lá. Tirávamos sonecas e dormíamos juntos. Também dividíamos um carrinho de bebê duplo quando nos levavam para passear à luz do sol no Central Park. Éramos alimentados nas mesmas horas. Meu irmão ainda se recorda de nos alimentar ao mesmo tempo.

Em fotos da nossa infância, Mary é mais alta e mais rechonchuda do que eu, e também costuma parecer mais calma. Eu dou a impressão de estar aborrecido e inquieto quando nos braços de alguém — ansioso por me soltar —, ao passo que ela tem uma expressão dócil e sonhadora. A diferença que parece óbvia quando se examinam fotos hoje é que eu estou olhando para fora, à minha volta, enquanto ela poderia ser descrita como perdida em pensamentos. Nosso irmão, cinco anos mais velho, já é um agradável extrovertido, com toda uma variedade de sorrisos, esgares e gestos, e algumas expressões que só poderiam ser descritas como cínicas. Vídeos domésticos feitos em nosso primeiro ano de vida mostram Mary engatinhando mais lentamente do que eu, e num filme, quando rolo sobre minha cabeça em uma cambalhota de bebê, ela tenta um movimento similar, sem chegar a completá-lo.

Não me lembro de Mary mostrar nenhum sinal de angústia nessa idade. Apesar de me recordar dela gritando e correndo pelos corredores do apartamento com cinco ou seis anos, não guardo nenhuma impressão de sua infelicidade, se é que ela a demonstrava, quando bebê ou criança pequena. Dividir um quarto com ela continua sendo apenas uma reminiscência muito vaga, mais um sentimento de texturas e sensações — como a proximidade de seu corpinho cálido com roupas de babados — do que uma recordação propriamente dita. Lembro da sensação reconfortante de tê-la por perto, como se sua presença fosse fundamental, um porto seguro. Mas eu desafiaria os limites da linguagem verbal se tentasse descrever a sensação. Mesmo agora sinto-me mais relaxado na companhia dela do que em qualquer outra época.

Agora sei que em algum momento do seu primeiro ano de vida meus pais começaram a se preocupar com Mary. Parece que ela só sorriu com seis meses e não começou a brincar com adultos quando eu o fiz. Ela parecia enfeitiçada por objetos, mas não particularmente reativa ou curiosa em relação a pessoas. Até mesmo sua concentração se fixava em um detalhe imediato, mais do que a média dos bebês. Com seis meses, levava pequenos objetos ao nariz, para cheirar. Dos doze aos quinze meses, passava longos períodos com os olhos cravados em um brinquedo ou na própria mão. Na verdade, a vida inteira ela teve fascinação por mãos. Quando criança, gostava em especial de olhar as mãos grandes de nosso pai e ficava fascinada ao observá-las enquanto ele tocava piano.

Já no nosso primeiro ano de vida, quando nos levavam para passear no Central Park em nosso carrinho duplo, ou éramos deixados em cercadinhos contíguos, nossos pais pareciam notar mais discrepâncias em nosso progresso à medida que atravessávamos os vários estágios de desenvolvimento. Mas suas preocupações ainda se concentravam mais naquilo que imaginavam ser a inabilidade deles de cativar Mary ou de fazê-la feliz do que na possibilidade de ela ser, de alguma forma, congenitamente deficiente. Eles sabiam muito bem que duas crianças não se desenvolvem da mesma forma ou no mesmo ritmo.

Em algum momento do nosso segundo ano de vida, a falta de reação dela, comparada às minhas reações, fez com que eles se preocupassem com a possibilidade de Mary ter algum problema de surdez. O fato de que, na verdade, a audição dela era muito sensível ficou demonstrado mais tarde em sua habilidade de captar melodias no piano e em sua paixão por cantar junto com gravações de musicais (em especial *Oklahoma!*) e óperas (*Lucia di Lammermoor*), bem como em sua sensibilidade a ruídos, inclusive seus próprios gritos. Em uma idade precoce, também a coordenação motora de Mary foi testada. Lembro dela subindo e descendo durante horas os poucos degraus de uma plataforma de madeira do tamanho do pódio de um regente — um tratamento físico que lhe havia sido recomendado. Com dois anos e meio, seu limitado uso de palavras preocupou o pediatra, e ele recomendou que ela fosse examinada por um psicólogo especialista em desenvolvimento de fala. Lembro de observar uma jovem simpática sentada com Mary a uma pequena mesa de madeira, pedindo que ela fizesse desenhos e colorisse formas com giz de cera. Lembro do cabelo de Mary sendo trançado por Bessie, a cozinheira de meus pais e governanta da casa; do misterioso mundo de suas joias falsas, como as pérolas de plástico que estalavam para formar pulseiras e colares; de seus vestidinhos e sapatos de festa com fivela preta.

Também me recordo da introspecção e da interioridade do seu jeito de falar, de seu diálogo murmurado consigo mesma; de sua constante preocupação com o braço direito, que ela beijava repetidas vezes e então parava para olhar, sorrindo para si mesma antes de voltar a beijá-lo; de seus dedos às vezes machucados de tanto ela mastigá-los; do modo abrupto como ocasionalmente começava a caminhar e parava, como se estivesse sempre repensando aonde estava indo. Lembro de sua tranquilidade, mas também de como ela podia desaparecer de maneira inesperada. Às vezes a causa de sua frustração era visível, como uma conta de plástico caindo de suas mãos e rolando para debaixo da cama. E quando a situação era solucionada, ela voltava a ficar contente. Mas em outros casos uma tensão que mais se assemelhava a um fenômeno meteorológico parecia irromper dentro de Mary, e ela começava a falar com voz tensa e estridente, às vezes repetindo frases ("Mary Shawn não vai para o parque"), que poderiam ser desejos à espera de confirmação ou tentativas frustradas de expressar alguma dor misteriosa. De vez em quando seu olhar era oblíquo, soturno, como se ela pressentisse uma ameaça ou algo sinistro. Se estava resistindo a fazer alguma coisa, punha-se a chutar e a gritar, e eventualmente corria pelo corredor com as mãos nas orelhas, berrando. Lembro de ver minha mãe tentando contê-la enquanto ela chutava e gritava. Lembro de vê-la com um vestido muito bonito em uma de nossas festas de aniversário, e do contraste entre o belo vestido rosa que ela estava usando e a boina verde em seu cabelo, e de seu humor desesperado, e de suas lágrimas de exasperação.

O som do choro de Mary ficou comigo. Quando tive meus primeiros filhos, seus choros me perturbavam mais do que deveriam, e eu precisava ser lembrado de que bebês choram pelo simples fato de que essa é sua única maneira de expressar aflição.

A partir do momento em que meus pais tiveram certeza de que havia algum problema com Mary, eles me puseram em outro quarto, do lado oposto do corredor, com o quarto do meu irmão entre nós, e passaram a me proteger dela. Tornou-se menos comum se referirem a nós dois como gêmeos. Eles tentaram me proteger dela e me incentivaram a pensar em mim mesmo simplesmente como um indivíduo.

Como a maioria das crianças, eu sabia muito pouco — e pensava muito pouco — sobre tudo pelo que meus pais passavam enquanto me criavam. (Só já perto dos trinta anos é que vim a saber das complexidades adicionais da vida de meu pai.) Ainda assim, tomei consciência de questões relativas à criação de filhos mais cedo do que algumas pessoas. Desde uma idade precoce, intuí que havia tensões em volta de Mary e instintivamente assumi a tarefa de continuar sendo o filho tranquilo e poupar meus pais de preocupações.

Mary amava a repetição mais do que a maioria das crianças. Ela punha para tocar as mesmas gravações vezes sem fim em uma vitrolinha infantil quadrada do tamanho de uma pequena valise, com pequenos buracos num dos lados, de onde a música saía. Ela conversava com Maria Callas e cantava acompanhando Joan Sutherland na cena da loucura de *Lucia di Lammermoor*, de Donizetti. Na verdade, ela gostava particularmente das cenas de ópera que eram cenas de loucura. Seu canto não é fácil de descrever. Era mais um acompanhamento vocal de apoio ao que ela estava ouvindo — em parte cantado, em parte gemido, em parte murmurado, quase como o *Sprechstimme* (canto-discurso) de Schönberg em *Pierrô lunar*. Fomos assistir à versão para o cinema de *Oklahoma!* cinco vezes. Mais de cinquenta anos depois, ela ainda se lança em sua versão do número de abertura se alguém começa a cantá-lo.

Seu choro com frequência aumentava de intensidade à noite, e como eu tinha meu próprio quarto desde os três anos, e entre o meu quarto e o de Mary havia o quarto do meu irmão, muitas vezes ele não conseguia dormir. As explosões de infelicidade de Mary eram insondáveis e nada fáceis de abrandar. A busca pelas origens de seu tormento ou por uma maneira de confortá-la e distraí-la podia durar horas.

Mesmo quando cada um já tinha seu próprio quarto, ainda brincávamos juntos, formando a base do triângulo do qual nosso irmão mais velho era o vértice. Mary e eu sentávamos a uma mesinha para desenhar, e me lembro de como ela enchia página após página de movimentos circulares de giz de cera, ou às vezes linhas solitárias. Certa vez rabiscou linhas coloridas pelas lombadas dos vinte volumes do *Oxford English Dictionary* do nosso pai.

Nossas vidas sociais começaram a divergir quando passei a frequentar a escola primária Dalton e ela foi para uma escola primária em Riverside Church, mais ao norte da cidade. Mary brincava com outras crianças, mas somente com aquelas mais novas que ela.

Não me recordo de nenhuma preocupação de nossos pais com Mary, apenas de eles me dizerem que ela era "lenta". A certa altura, comecei a ouvir o termo "retardada mental" associado a ela. Havia momentos em que a palavra "autismo" também era usada. Como hoje tenho os documentos que minha mãe guardou sobre Mary, vejo que ela recebeu seu primeiro diagnóstico oficial em junho de 1955, com seis anos, feito pelo dr. William S. Langford, um renomado psiquiatra infantil e pediatra especialista em "problemas emocionais" de crianças, que trabalhava no Presbyterian Medical Center. Em uma carta escrita mais tarde, ele observou que naquela época Mary podia se alimentar sozinha, vestir-se "usando botões", resolver quebra-cabeças simples, e também que havia aprendido a usar a privada no ano anterior, "depois de alguma resistência". Mas, ainda que se mostrasse capaz de "contar três ou quatro objetos", não conseguia combinar muitas palavras ao falar, e na verdade raras vezes ela falava tentando se comunicar. Quando lhe faziam uma pergunta, sua tendência era repeti-la. Recentemente aprendera a responder à pergunta "Mary quer biscoito?" com "Mary quer biscoito?". A interpretação do dr. Langford era que ela demonstrava "características autísticas secundárias associadas a dano cerebral".

Aos poucos comecei a me sentir constrangido diante de professores e amiguinhos da escola quando eles me perguntavam se eu tinha irmãos ou irmãs. Parecia impossível contar simultaneamente que eu tinha uma irmã gêmea — o que sempre provocava entusiasmo — e que ela era "retardada mental", o que provocava olhares estranhos de surpresa e comiseração. Quando eu conseguia transmitir as duas informações bem rápido, evitava um embaraçoso choque de reações emotivas em meu interlocutor. No entanto, meu desconforto se acentuava. Uma sensação de inquietude passou a envolver esse fato básico da minha vida, como acontece com crianças adotadas ou cujos pais estão mortos ou presos. Às vezes eu mentia por omissão, alegremente dizendo apenas que eu tinha um irmão mais velho. Porém, a mentira pesava em mim; tratava-se de uma traição. Eu me sentia desconfortável demais quando as pessoas me diziam o quanto lamentavam por minha irmã gêmea ser "retardada". O impossível de explicar a qualquer pessoa era que, embora a condição de Mary fosse uma tragédia na vida de meus pais, para mim não constituía uma "perda". Mary, exatamente do jeito que era, fazia parte do meu mundo. Eu tinha uma irmã inteira, cuja estranheza em relação a algumas normas só fui conhecendo aos poucos.

A descrição estereotipada da criança autista não se coaduna com minhas lembranças de Mary aos sete anos. Ainda que não se comunicasse verbalmente no nível apropriado para sua idade, ela se conectava, sim, com os outros por meio do olhar direto e penetrante que lançava com seus olhos castanhos; da lembrança do nome de todas as pessoas; de seus inesperados sorrisos e risos; de sua expressão de divertimento; de sua reação a fotografias, filmes e músicas; de seu modo imperativo de nos chamar, nos agarrando pelo braço e pegando nossa mão. Mesmo agora, na meia-idade, embora se mantenha rígida e resmungue ao aceitar um abraço, ela ainda segura meu queixo com seu modo característico e planta um beijo em minha bochecha. Para seus ingênuos irmãos, ela quase transmitia a sensação de estar se contendo, de que lá no fundo ela era verbal e cheia de compreensão, apenas não mostrava esse seu lado para o mundo. (Do mesmo modo, a mãe de "Richard M.", do revolucionário artigo de Kanner, de 1943, dizia sobre o filho: "Ele me dava a impressão de uma sabedoria silenciosa".) Não é de estranhar que nos anos 1950, quando tais crianças ainda eram vistas como emocionalmente perturbadas em vez de neurologicamente comprometidas, houvesse uma sensação de confusão em casa sobre se Mary poderia um dia ser curada de qualquer que fosse o feitiço que havia sido jogado nela.

Quando crianças, andávamos de triciclo juntos, dançávamos enquanto nosso pai tocava piano. No Natal (que celebrávamos por causa da decoração, da comida e da magia, apesar de nossa origem judaica), Mary, eu e nosso irmão ficávamos sentados no chão da sala embaixo do pinheiro, abrindo nossos presentes. Apesar de eu não recordar detalhes de nenhuma de nossas festas de aniversário conjuntas, ainda lembro como era divertido nós três sentados embaixo do pinheiro de Natal com suas luzes piscantes, rasgando os papéis de presente coloridos, cuidadosamente retirando item por item das meias que havíamos pendurado na noite anterior e que nosso pai havia enchido com bolas de gude, chicletes, balas Tootsie Roll, cartas de baralho, bonequinhos e uma laranja lá no fundo. Mary nunca esqueceu as datas comemorativas que celebrávamos no apartamento, e nos anos e décadas seguintes, quando um dia festivo se aproximava, nossa mãe nunca deixou de lhe mandar todas as coisas que ela então se lembraria de ter um dia recebido em casa.

Bessie nos levava regularmente ao parque. Lembro de Mary correndo alegre pela grama. Lembro do dia em que esqueci de trocar o sapato e quando olhei para baixo me vi de pantufas azuis no meio de um campo, e de como chorei de humilhação e precisei ser carregado de volta para casa nos braços. Lembro de ter tido pelo menos tantas desventuras no mundo quanto Mary. Mas também lembro que às vezes Mary explodia e se deitava na calçada e gritava.

Em outras ocasiões, ela se mostrava totalmente controlada e parecia reproduzir a capacidade de intensa concentração de nosso pai. Com cinco anos, conseguia ficar sentada quietinha por horas seguidas, separando contas de um colar, desenhando metodicamente suas espirais coloridas com giz de cera em um papel amarelo espesso, brincando com suas bonecas ou distribuindo móveis minúsculos pela casa de bonecas que havia em seu quarto. Minha mãe e Bessie sempre se certificavam de que o cabelo de Mary estivesse muito bem escovado ou trançado e que ela estivesse vestida com esmero. Às vezes, era deixada assim sozinha em seu quarto. Em tais momentos de calma, ela parecia capaz de se fechar inteiramente ao mundo, como nosso pai fazia quando editava algum texto. Sentada no chão, ocupada e tranquila, parecia bonita e contemplativa. Com sua pele translúcida, testa larga e amendoados olhos castanho-claros, vestida com tanto cuidado, poderia ser uma princesa de contos de fadas.

Nossa mãe mantinha-se ativamente ocupada boa parte do tempo, e nunca, nem por um momento, mostrava-se deprimida, mas ainda assim parecia lutar para manter o foco quando dispunha de um tempo para ler ou pensar. Sei agora quão brilhante e profundamente original ela era — imagino-a com facilidade como a jovem profissional atraente, aventureira e independente pela qual nosso pai se apaixonou e a qual ele admirava pelos idos de 1925, quando se conheceram —, porém naquele tempo era como se ela não quisesse ser valorizada por seus talentos ou inteligência, mas apenas como esposa e mãe. Ex-jornalista, mantinha um olhar atento para a política, habilidade para guardar informações e dados estatísticos, e o dom para discussão, mas permanecia a impressão — até mesmo eu, quando criança, sentia isso — de que algo a desviava dessas capacidades. Naturalmente, estava cansada. Sob qualquer circunstância, cuidar de uma família é um trabalho estafante. No entanto, parecia haver algo mais em sua inquietação mental do que apenas cansaço e as pressões familiares habituais.

Quando vivíamos todos sob o mesmo teto, nossas personalidades vibravam cada uma de uma maneira, produzindo uma espécie de zum-zum coletivo. Muitas vezes nós cinco nos encontrávamos em cinco cômodos distintos. Hank, meu amigo de infância, lembra de estar brincando comigo um dia e de se surpreender ao abrir a porta do quarto de Mary e encontrá-la lá, sentada no chão, brincando em silêncio.

Apenas agora que escrevo isto, percebo o que Mary e eu não fazíamos juntos. Embora eu tenha lembranças vívidas do Halloween — até mesmo de como era justo o *collant* da minha bela fantasia de jacaré que minha mãe costurou para mim quando eu tinha seis anos —, não me lembro do Halloween com Mary. Muitas vezes ela saía sozinha, indo até mesmo além dos nossos trajetos costumeiros. Quando meus amigos iam brincar comigo em casa, a maioria deles, como Hank, olhava para Mary com uma espécie de espanto e doce reverência. Era o caso, sobretudo, do meu amigo e colega de escola David, assim como da irmã gêmea dele. Não surpreende que Mary suscitasse o interesse de David, e ele sempre perguntava por ela. Lembro dele em pé no corredor espiando pensativamente o interior do quarto de Mary, onde ela brincava com blocos no chão. David, agora um bem-sucedido produtor teatral, me parecia, quando criança, ter todos os atributos da pessoa ideal. Era bonito, alto, articulado e popular. Para mim, ele exalava uma espécie de normalidade heroica. Ao lado de sua confiante robustez, eu me sentia seguro e protegido.

Até mesmo quando criança é possível se interessar por um assunto com a dedicação de um profissional. Por tal critério, os interesses da minha infância eram os de um diletante. Certa vez escrevi a Walt Disney solicitando um emprego de cartunista e anexei alguns desenhos meus. Como resposta, recebi um cartão-postal tão grande que seu efeito era humilhante, agradecendo por meu interesse em Mickey Mouse, Pateta e Pato Donald, com a assinatura impressa de Walt Disney embaixo. Entretanto, é divertido lembrar que meus desenhos eram apreciados por meus colegas de aula a ponto de eu ter adquirido certa fama. Durante os momentos livres na escola, eu dava "aulas", e meus amigos se sentavam comigo em volta de uma mesa, imitando meus desenhos de pessoas, um treino precoce para as verdadeiras aulas que acabei lecionando dos meus 25 anos até hoje.

Durante alguns anos, inspirado por um projeto de ciências da escola, colecionei pedras. Intrigava-me a variedade delas e a maneira como revelavam suas origens em diferentes períodos da história da Terra. Mais tarde foram os mapas — um fascínio que mantive e que cria uma espécie de dissonância cognitiva com meu violento medo de viajar. Eu adorava beisebol e montava álbuns com fotografias de beisebol recortadas de jornais e da *Sports Illustrated*. Quando meu pai improvisava algum jazz no piano, eu o acompanhava com tambores — sem mostrar nenhum talento especial —, enquanto meu irmão tocava violino.

Por volta dos sete anos, comecei a escrever uma longa ficção sobre meu amigo David. Parecia-me totalmente natural fazer dele o protagonista. A história se desenvolveu para o que chamei de um "romance" de mais de cem páginas e que constituiu minha primeira "obra". Em vários capítulos, coloquei David em perigo, confrontando-o com um bando de "trapaceiros" a quem ele acabava vencendo, e arrumei-lhe um interesse romântico inspirado descaradamente no flerte entre Tom Sawyer e Becky Thatcher. A primeira e a última frase do livro eram a mesma, terminavam com o nome de David, como se a mera menção de seu nome, sua importância na história, contivesse algum peso lírico. Embora, de certa maneira, não existisse nenhum impulso literário por trás desse escrito, ainda me lembro da excitação de terminá-lo, um ano depois de tê-lo começado, o mesmo sentimento de ter dado forma a alguma coisa que eu sentiria mais tarde ao compor uma música, uma sensação de leveza no ar, de tarefa cumprida, do vento cálido da primavera soprando pela minha janela e me dizendo que o mundo pertencia particularmente a mim. Passaram-se pelo menos mais quarenta anos até eu reconhecer na minha idealização de David o desejo de ter, como ele tinha, uma irmã gêmea com a qual eu pudesse conversar de forma normal e com a qual eu pudesse ir à escola.

Apesar da proximidade cotidiana de Mary — ou por causa dela —, tive uma tendência precoce de procurar companheiras. Com cinco anos, pedi minha colega Lucy em casamento e lhe comprei flores. Isso, naturalmente, não levou a nada, a não ser desencadear um oferecimento de flores de meus coleguinhas homens. Com seis anos, fui além, convidando uma menina para ir até minha casa com a proposta explícita de desnudá-la escondido. A garota em questão havia tirado a roupa, sem razão aparente, na aula de arte, acendendo assim meu desejo de solicitar uma experiência só nossa. Na cena que se seguiu em meu quarto, tiramos as roupas e apalpamos as partes que nos diferenciavam um do outro. Seu bolsão de maciez no lugar onde eu tinha meu apêndice esponjoso era espantoso. Ficamos nus como minhocas na penumbra, apenas para sermos surpreendidos pelo som de passos no corredor e por uma repentina e fria luz que nos descobriu. Minha mãe considerou o acontecido um assunto de homens, a ser tratado com meu pai. Um sentimento calado recaiu sobre a casa enquanto o esperávamos regressar do trabalho para uma punição, repreensão ou advertência. Lembro de estar sentado ao lado dele no sofá da sala, olhando para seu rosto sério, pressentindo nele o que parecia ser um terrível cansaço. Ele resumiu sua visão de forma gentil, porém enigmática: "Você não fez nada de errado", disse. "Só que isso não se faz."

Naquela época, muito antes dos jogos eletrônicos e quando a televisão ainda era algo novo e inacessível durante a maior parte do dia, brincadeiras de crianças costumavam ser criativas e artesanais. Se, ao brincar com Mary, eu precisava funcionar como um intérprete, ao brincar com amigos eu frequentemente era o bobo da corte, alternando entre o comediante e o personagem sério em peças cômicas. Atuar para quem quer que nos assistisse era nossa maneira de nos divertir e de nos livrar de todas as amarras. Com meu amigo Jay, eu explorava as alegrias de tudo que fosse tolo, nojento, primitivo e elaboradamente violento, ainda que com inocência. Havia tanto prazer em fingir que se era atingido por uma bala durante uma briga no Central Park e rolar a colina de forma dramática, aterrissando como um monte inerte na grama macia da primavera, quanto em descer de trenó a mesma colina na neve invernal. Fazíamos nossas apresentações — uma das prediletas era entrevistar Jay como um "popular" qualquer da rua — para nossas mães, nossos amigos ou apenas para nós mesmos. Sem saber, estávamos satirizando a vida adulta. Muitas vezes datilografávamos reportagens imaginárias ou relatos ridículos e ríamos deles. O mais surpreendente, talvez, é que eu não precisava de uma plateia nem mesmo de um amigo para colocar nas produções. Por vários anos, desde que eu tinha cerca de sete anos, imaginei ter meu próprio programa de televisão e me retirava para o meu quarto a fim de apresentá-lo à minha plateia imaginária. Eu me preparava para cada programa de forma bastante séria, gastando minha mesada em materiais necessários para a produção, mesmo que ninguém visse o resultado. O limite entre fingir ter uma plateia e ter uma de fato nunca foi cristalino para mim — uma questão levantada por diversos concertos de música contemporânea dos quais participei anos depois —, como tampouco o foi o limite entre as emoções suscitadas por atuações e aquelas suscitadas pela vida real. Havia momentos em nossas sátiras, como nos filminhos e no teatro de bonecos que eu mais tarde produzi com meu irmão, em que uma intensa tristeza emergia de mim quando me era exigido parecer triste ou até mesmo fingidamente triste, ou quando uma fúria descontrolada tomava conta de mim no ato de apenas fingir raiva. Atuar me ensinou algo que o envolvimento com a música mais tarde confirmou: que havia poços de emoção nas pessoas. Você só precisava pensar de uma certa maneira, e um balde baixava no poço que havia dentro de você e voltava cheio de sentimento.

Nossa família alugava uma casa de verão todos os anos em Bronxville, Nova York, perto o suficiente da cidade para que meu pai fosse de carro todos os dias para o trabalho, mas bucólica o bastante para que minha mãe passasse longas horas ao ar livre sob o sol, com blusas sem manga, cuidando de um pequeno jardim de zínias e girassóis, e de ervilhas e ervilhas-amarelas. Nossa mãe se revigorava na presença verdejante das árvores. Talvez não fosse o mundo da natureza que a entusiasmasse tanto, e sim o próprio verde. Ela estudara pintura na Art Students League em Chicago no início da adolescência — sustentada por sua mãe, uma viúva simples que trabalhava nos correios — e mantinha um amor duradouro pela pintura, atividade que também retomava todos os verões, em aulas de pintura. Era uma pessoa de luz e cor. Ofegava de prazer com as cores das flores, de pinturas, de filmes ou de cenografia e trajes do teatro. Na cidade, esperava, ansiosa, o ano todo pela primavera, quando os botões amarelos da forsítia e os brancos de cerejeiras brotavam por um breve período no parque, e suspirava e apontava para eles quando passávamos de carro pelas ruas transversais que separavam a zona leste da oeste. Orgulhava-se das caixas de hortênsias que cultivava ao passar pela Quinta Avenida. Quando chegávamos a Bronxville no fim de junho, ela ficava maravilhada com as árvores e exclamava: "As árvores... as árvores..." inúmeras vezes. Uma espécie de serenidade a invadia em Bronxville.

Apesar de ficar a pouco menos de oito quilômetros de Manhattan, Bronxville de fato nos aproximava da natureza. O céu noturno parecia muito mais negro do que na cidade e frequentemente estava cheio de constelações brilhantes e, em agosto, de estrelas cadentes. Tempestades estrondosas eram anunciadas por um céu pesado, pintado de um verde-oliva profundo ao meio-dia, seguido por rasgos e explosões colossais de trovões, flashes de descargas elétricas e torrentes de chuva. A maneira como as tempestades pareciam extrapolar as próprias forças, agitando árvores enormes, criando redemoinhos de vento e de chuva ruidosa, tornava física uma energia que ficava excitantemente além do controle humano.

Era no verão que a diferença entre a trajetória educacional de Mary e a minha deixava de ter tanta importância. Apesar de meu irmão e eu frequentarmos a Colônia de Férias Mohawk nas Planícies Brancas — uma escola de férias que nós dois detestávamos por várias razões —, muitas vezes nós três ainda brincávamos juntos. Os domingos, quando nosso pai não ia à cidade, eram especialmente memoráveis. Ocasionalmente, ele ficava de pijama e robe quase o dia todo e, num dia quente, chegava a trabalhar em uma cadeira de praia ao ar livre. Mary e eu andávamos de triciclo enquanto nosso irmão andava com sua bicicleta de menino grande, ou nós três fazíamos algazarra em uma piscininha inflável. Às vezes montávamos balizas de críquete e a família inteira, incluindo nosso pai, jogava. Os cliques típicos das bolas de críquete pesadas e listradas ressoavam no ar da tarde. De vez em quando a família saía para tomar sorvete ou jogar minigolfe, e nessas ocasiões presenciávamos nosso pai dirigindo o carro.

Enquanto eu passava de uma série para outra na escola, Mary experimentava uma porção de escolas. Depois dos cinco anos, ela não foi para a primeira série, continuou no jardim de infância, enquanto a cada ano ficava mais velha e maior do que seus colegas. Ela também resistia a muitos aspectos da rotina diária escolar. Parecia claro a seus professores que, assim como não conseguia manter uma conversa mais complexa, ela também não tinha condições de seguir orientações complexas, e que, se viesse a fazer algum progresso na aritmética básica ou na aprendizagem da leitura, ela precisaria de um tipo de educação especial e individualizado que eles não podiam oferecer. Senti a tensão que rondava Mary e a escola, a eterna questão do que fazer. De forma instintiva, eu percebia que ela estava isolada socialmente, mesmo que de vez em quando alguma criança — sempre mais nova — fosse até em casa brincar com ela. Também lembro da força física com a qual ela se recusava a fazer algo que não queria; minha mãe e Bessie a segurando enquanto tentavam vestir um casaco nela; o som da luta e de seus protestos. Mesmo com todas as tentativas de me proteger disso tudo, devo ter percebido que se tratava, na verdade, de uma situação desesperadora.

Que dificuldade para meus pais, numa época em que havia poucas pessoas a quem recorrer em busca de orientação sobre doenças mentais e deficiência cerebral, e pouca ou nenhuma compreensão sobre qual poderia ser o diagnóstico para uma criança assim. Que peso de chumbo deve ter sido para eles contemplar o futuro de Mary com todas as questões que sua natureza provocava: ela iria melhorar ou piorar com o tempo? Se jamais poderia cuidar de si mesma, quem iria cuidar dela? O que aconteceria com ela depois que eles — meus pais — morressem? E ainda o fardo de se perguntar sobre a causa da doença.

Dr. Wood, nosso pediatra, advertiu-os de que crianças com deficiências causam desgastes enormes nos casamentos. Mesmo sem perceber, ele disse, um pai culpa o outro.

Hoje sei que naquela época eles buscaram a ajuda de psiquiatras e psicólogos recomendados pelo dr. Langford. Um deles foi Herta Wertheim. Wertheim havia nascido na Tchecoslováquia em 1902 e fora para Viena estudar sobre Freud e educação infantil. Aluna de Anna Freud, analisou-se durante um curto período com um de seus discípulos e depois se tornou diretora da escola maternal da dra. Freud em Viena. Fugiu da perseguição nazista em 1938, mesmo ano em que Sigmund Freud e sua família fugiram de Viena para Londres. (Os Freud fizeram questão de supervisionar a fuga dos que trabalhavam com eles antes de deixarem Viena.) A dra. Wertheim visitou Mary com regularidade durante dois anos, quando ela tinha entre quatro e cinco anos de idade. Estava habituada com crianças severamente perturbadas em idade pré-escolar, em virtude de seu trabalho como diretora do Putnam Center em Roxbury, Massachusetts, e no Child Development Center em Nova York (hoje parte do Jewish Board of Family and Children's Services), e descreveu Mary para Langford e outros como "uma menininha muito perturbada". A despeito de sua orientação psiquiátrica, opunha-se à ideia de que o autismo fosse responsabilidade ou culpa dos pais. Acreditava tratar-se essencialmente de uma condição de fundo orgânico. Ao mesmo tempo, porém, tinha esperanças de que Mary se recuperasse pelo menos em parte.

Mas, quanto ao que podia ser feito por Mary naquela época e naquele ambiente para de fato torná-la feliz em casa ou em sua vida escolar, a situação com frequência deve ter parecido cada vez mais desestimulante e exaustiva. Ela não tinha amigos. Suas necessidades eram quase sempre incompreensíveis e suas explosões frequentemente monopolizavam a atenção de meus pais e sugavam suas energias. Mary era uma criança grande e podia agir com ferocidade quando insatisfeita. Embora nunca fosse agressiva com pessoas, podia ser destrutiva e autodestrutiva. Com seis ou sete anos, às vezes esfregava suas fezes nas paredes. Mordia o próprio braço e arrancava a pele em volta das unhas. Meus pais, que quase nunca conseguiam confortar Mary ou sentir que a compreendiam, cada vez mais a deixavam sob os cuidados de Bessie, que era fisicamente mais forte que eles e tinha uma compreensão intuitiva dela. Como não era nem pai nem mãe de Mary, é provável que Bessie se perturbasse menos com a responsabilidade que lhe era confiada, e com certeza menos ainda com as questões que o estado de Mary poderia suscitar. Como não tinha filhos, amava a nós três com todo o seu coração, e incondicionalmente. Meu amigo Jay lembra de Mary golpeando com fúria as teclas do piano, e de Bessie, delicada mas com firmeza, empurrando-a na direção de seu quarto.

Naquela época eu desconhecia o esforço heroico de minha mãe para lidar com a situação e tentar descobrir o que fazer a respeito. Era terrivelmente difícil. Certa vez ela confessou a uma amiga: "Eu gostaria que alguém apenas me dissesse qual é o problema!".

Foi a dra. Wertheim quem sugeriu que meus pais procurassem uma especialista em desenvolvimento infantil em Massachusetts chamada Irene Anderson. A srta. Anderson, formada em psicologia e assistência social, e com experiência em treinamento analítico com crianças, estava organizando uma colônia de férias para jovens "mentalmente perturbados" com idade de frequentar a escola primária. Meus pais entraram em contato com ela em algum momento do final de 1956 e início de 1957.

Ainda não se conhece muita coisa sobre a diferença entre a ligação que gêmeos bivitelinos tendem a ter entre si e a ligação entre irmãos em geral, nem se é possível fazer generalizações sobre a relação entre eles. Já clichês sobre gêmeos idênticos são bastante conhecidos: já foram contadas histórias surpreendentes de gêmeos órfãos mandados para diferentes continentes com um mês de idade que, sem saberem da existência um do outro, cresceram e se casaram com mulheres parecidas, seguiram carreiras paralelas e passaram a cultivar os mesmos hobbies. Um exemplo muito conhecido é o reencontro dos "gêmeos Jim", que estudaram na Universidade de Minnesota. Sem terem tido contato um com o outro desde a infância, eles se casaram com mulheres que tinham o mesmo nome, costumavam tirar férias no mesmo local, trabalhavam em meio período como xerifes, gostavam de carpintaria e mordiam as unhas do mesmo jeito. O conhecimento sobre gêmeos bivitelinos — que partilham DNA na mesma proporção de quaisquer irmãos — é menos espetacular, porém ainda sugere uma ligação que vai além da mera genética. Alguns estudos de irmãos bivitelinos de sexo diferentes sugerem uma tendência de que as mulheres sejam dominadoras e de que os homens apresentem traços outrora considerados mais femininos. Isso poderia ser resultado de intercâmbios hormonais intrauterinos ou de influências precoces mútuas. Mas simplesmente por partilharem ao mesmo tempo as mesmas rotinas precoces, como alimentação, sono e brincadeiras, e por passarem pelos mesmos primeiros estágios a dois, gêmeos de qualquer tipo desenvolvem padrões de cooperação, colaboração e competição mais cedo do que outras crianças, e talvez diferentes dos delas.

Apenas aos poucos aprendi que a convivência com Mary impunha um "desafio". Meu caráter foi formado por interações precoces nas quais conviver com o retraimento e a angústia dela era algo automático. Sei que, quando comecei a falar, era eu quem costumava dizer aos adultos o que Mary estava pedindo, e se tratava de um papel que me vi assumindo quando fui para a escola e acabei conhecendo alguns coleguinhas difíceis de ser entendidos. Uma amiguinha da minha primeira infância era uma japonesa, Yukiko, que me presenteava com coloridos livros infantis japoneses que tinham páginas de papel brilhante pintadas e feitas de um rígido papel-cartão. Lembro dos professores me pedindo que eu lhes explicasse o que Yukiko estava tentando dizer, e de eu conseguir fazê-lo. Pergunto-me agora se, como criança pequena em uma casa bilíngue, eu não teria aprendido instintivamente duas línguas na época em que comecei a dominar a linguagem verbal: uma linguagem não falada para me comunicar com Mary e a outra para me comunicar com os demais.

Em casa, com certeza foi me comparando a Mary que aprendi que eu era um menino. Lembro do contraste entre os objetos dela e as coisas do meu quarto — soldadinhos de chumbo, armas de brinquedo, bolas de borracha cor-de-rosa, luvas de beisebol, pedras, chapéu de guaxinim — e mais tarde do desaparecimento desse contraste, como se todas as cores da casa tivessem sido substituídas por tons de cinza. Devo ter procurado confirmar essa masculinidade com a menina que convidei para ir lá em casa. No entanto, embora eu tivesse herdado as orelhas grandes do meu pai — ela tinha as mesmas orelhas bonitinhas e parecidas com uma concha de minha mãe e de meu irmão, bem como algo da textura do cabelo da minha mãe —, de resto eu me parecia mais com a minha mãe, enquanto as feições de Mary a ligavam à família de meu pai. Mary até hoje se parece com meu pai e com meu irmão. Quando ela ainda estava em casa, essas associações faziam dela um espelho no qual meus pais e meu irmão viam aspectos de si próprios. Ela era um lembrete constante do engenhoso trabalho da natureza.

Quando morava em casa, Mary atuava como uma espécie de cola que unia meus pais, meu irmão e eu. Ela mantinha viva uma corrente de comunicação emocional e animal entre nós. Com ela éramos criaturas ligadas pelo sangue, pela química. Sem ela, nos tornávamos quatro indivíduos, ligados, no mais das vezes, por palavras.

Todas as infâncias são normais para uma criança. Não me recordo de, conscientemente, alguma vez ter desejado que Mary fosse outra pessoa que não ela mesma. De maneiras diferentes, meu irmão e eu estávamos tão acostumados à companhia de Mary quanto à companhia um do outro. Por mais atormentados que meus pais estivessem em relação ao que fazer com Mary, eles se esforçavam ao máximo para não colocar esse fardo sobre nós. Mesmo quando intuíamos a tensão deles, nada sabíamos a respeito das decisões com as quais se confrontavam. Mary era simplesmente nossa irmã, seus "déficits" eram inevitáveis, e suas oscilações de humor, apenas parte de uma vida cotidiana, sobre os quais se tinha tanto controle quanto sobre o tempo.

4. Verão

Quando fecho os olhos e tento passear pelo espaço em branco da minha mente, procurando recordar o verão em que Mary e eu fizemos nove anos, mal consigo entrever minha mãe nos dizendo — a mim e a meu irmão — que Mary iria para uma colônia de férias para crianças com retardo mental. Depois disso, não me lembro nem da viagem na qual suponho que todos nós a tenhamos acompanhado até lá — Sandpiper — nem do momento, no final do verão, em que nossos pais nos disseram que a colônia de férias havia se transformado em uma escola com calendário letivo normal e que Mary ficaria lá dali em diante. Da partida de Mary para uma nova vida, não me lembro de nada. Com certeza não houve uma despedida oficial. Provavelmente o pouco que meus pais disseram a respeito foi comunicado de modo casual, para não nos aborrecer, e depois disso nada nunca foi discutido. Mas não me lembro de nada.

Sei apenas que, na esteira dessa mudança, todas as dores inevitáveis por que passei naqueles anos de crescimento foram agravadas pelos danos dessa dor específica. Os temores e pesadelos que eu tinha naquela idade pareciam girar todos em torno de temas como perda, separação e viagem. Agora que a palavra "camp"* havia adquirido um significado eufemístico, eu devaneava obsessivamente sobre ser afastado de meus pais contra minha vontade, enquanto eles eram levados em trens para campos de concentração, sobre os quais devo ter aprendido com meu irmão. Eu não entendia o conceito de solidão, e tampouco havia sido preparado para isso. Às vezes eu chorava até pegar no sono, cantando uma espécie de cantiga de ninar para mim mesmo.

Minha relação com meu irmão também mudou profundamente. Comecei a me apoiar nele com admiração e reverência, embora muitas vezes expressando isso, como irmãos mais novos costumam fazer, de um jeito que o incomodava. Por volta dessa época, vi o filme *O pequeno fugitivo*, sobre um menino que acha que matou seu irmão mais velho, um enredo que mexeu de tal forma com as minhas emoções que, quando os irmãos se reencontraram, no final, quase me rendi às lágrimas.

Meu irmão, por instinto, fez o que pôde para me incluir em sua vida. Ele me punha nos filmes domésticos que passou a fazer. Também começamos a montar teatrinho de bonecos. Tratava-se de breves produções ambiciosas encenadas para nossos pais e convidados, com roteiros escritos por meu irmão, em que cada um de nós desempenhava todos os papéis e construía os cenários e personagens que apareciam em um pequeno palco de teatro de bonecos. Ele me ensinou a jogar xadrez, enriquecendo nosso arsenal de opções de jogos, que também incluía canastra, damas, Banco Imobiliário e, o melhor de todos, Detetive. Nos fins de semana, víamos filmes juntos até tarde da noite. Ele queria que

---

* *Camp* significa tanto "campo" (de concentração, por exemplo) quanto "colônia" (de férias), como em *summer camp*. (N. T.)

eu conhecesse todos os seus amigos. Fazíamos excursões. Tenho uma pequena coleção de slides documentando o verão de 1957, meu irmão e nossa expedição ao topo do Empire State Building. Do alto, observamos por periscópios a mágica revelação da bela cidade de Nova York lá embaixo — majestosa, tranquila, limpa e pontilhada como que por carrinhos de brinquedo em movimento —, fizemos gravações de nossas vozes (a minha provavelmente uma interpretação de "Hound Dog") e posamos para a série de fotografias postas depois num visor de slides.

Mas a partida de Mary da nossa vida diária foi como uma morte pela qual não se fez luto. Sua ausência, o fato de que ela estava em outro lugar e lá permaneceria, não foi incorporada em nossa realidade, e raramente nos referíamos a isso. Depois que ela se foi, o fato de eu ser seu irmão gêmeo se tornou quase um tabu. Sua fotografia ficava ao lado da minha e da de meu irmão em um tríptico emoldurado na sala de estar; ainda nos referíamos ao "quarto de Mary", mesmo depois que o cômodo passou a abrigar a bicicleta ergométrica de nossa mãe, incontáveis caixas de sapatos velhos e sacolas de compras cheias de jornais e revistas. Sob quase todos os aspectos, era como se Mary jamais tivesse feito parte de nossa vida, como se a mentira que eu às vezes contara de ter só mais um irmão, em vez de dois, tivesse se revelado verdadeira. Nas recepções oferecidas por nossos pais, na maioria das vezes o assunto Mary se juntava à lista de coisas dolorosas a não mencionar. Na época das festas de fim de ano, nossa mãe ligava para Chatham, em Massachusetts, e me punha no telefone para conversas ritualizadas nas quais eu tentava fazer a Mary perguntas que ela pudesse responder. "Você tem nadado?" "Mary Shawn tem nadado." Mas, como nossas comunicações nunca haviam sido originalmente verbais, esse tipo de conversa era monótono e pouco íntimo.

Cartões e cartas pequenas chegavam com frases escritas a duras penas por Mary e às vezes com desenhos de giz de cera feitos, parecia, com base em um original fornecido por algum professor. As cartas eram escritas a caneta, numa caligrafia regular que, ainda que infantil, pelo menos era da própria Mary.

Queridos papai e mamãe,

Como vocês estão eu fui nadar ontem. Estou aprendendo a nadar nós fomos para o lago nas férias fizemos um piquenique escrevo logo

Amor
mary

E o conteúdo era verdadeiro, ainda que estimulado e corrigido. (Mary sempre se referia a si mesma na terceira pessoa. Ela não escreveria ou diria "Eu fui nadar".) Fosse como fosse, ela mostrava um progresso impressionante. Em seu primeiro ano na escola, aprendeu o suficiente para estar apta a trabalhos de primeira série, e nos anos subsequentes chegou a um nível de quarta para quinta série em aritmética, ortografia, redação e leitura. Nunca era fácil dizer se Mary compreendia o que lia, já que ela apenas repetia as palavras e nunca tentava encontrar seus próprios termos para resumir o conteúdo. História e geografia não significavam nada para ela.

Deve ter sido necessária uma paciência heroica para ensiná-la. Mary tinha uma baixa tolerância a lhe apontarem erros que havia cometido. Em uma carta que agora tenho diante de mim, a srta. Anderson escreveu: "Ela reage às correções insistindo verbalmente que 'Mary está certa' ou explodindo, esperneando, gritando etc.". Talvez, sem ter como conceitualizar a ideia de resposta "certa" e "errada", ela interpretasse uma correção como sendo uma violação da ordem das coisas. Se havia respondido a uma pergunta o melhor que podia, talvez sentisse haver cumprido a tarefa que se esperava dela.

Mary às vezes parecia viver numa grade de feriados, muitas vezes antecipando em voz alta as datas comemorativas dos meses do ano todo e as comidas associadas a elas. "Outubro, Mary quer uma abóbora. A Páscoa está chegando — ovo de Páscoa. Novembro — peru." Sua necessidade intensa de previsibilidade era saciada pela rotina escolar, mesmo assim estava sempre ameaçada. Mary era intensamente precavida com seu ambiente. Apesar de fazer a maior parte das atividades recreativas sozinha — andar de bicicleta, nadar, tocar piano, tricotar, desenvolver trabalhos artesanais —, ainda assim queria que as pessoas e as coisas ficassem em seus devidos lugares, e sempre sabia o que todas as outras crianças estavam fazendo, se tinham ou não recebido ligações telefônicas e se iam viajar ou visitar a casa dos pais. "Quando uma criança que ela conhece há muito tempo se ausenta por um dia ou mesmo uma hora", a srta. Anderson escreveu,

> ela pergunta onde a criança está e quando vai voltar. Nunca demonstrou nenhum interesse por um menino de sua idade que se formou há dois anos. Entretanto, assim que ele se foi, quis saber exatamente onde ele estava. Muitas vezes, quando está perturbada, ela chama o nome de muitas das crianças que foram embora, insistindo para que voltem [...]. Às vezes ela parece totalmente fora de controle, com o rosto avermelhado, gritando e berrando num crescendo até uma espécie de frenesi, pulando ou se debatendo.

Por sorte, a srta. Anderson parecia saber como se aproximar quando Mary se mostrava aflita.

Na ausência de Mary, meus pais sempre costumavam dar para meu irmão e para mim — e um para o outro — presentes em nome dela, que eles assinavam, com letras garrafais, "MARY". Nosso pai escrevia à nossa mãe bilhetinhos em nome de Mary ("Eu te amo, querida mamãe — de Mary"). Muitos anos depois, minha mãe me disse que havia dado "uma voz" a Mary.

No entanto, embora ela estivesse bem viva, na família Mary se tornou um símbolo pungente da perda, e era mencionada, quando o era, de forma saudosa, nostálgica — não como uma irmã que estivesse viva. Se comentários sobre a vida dela eram raros, comentários sobre suas experiências subjetivas do mundo eram praticamente inexistentes.

Entre meus oito e dez anos, mais algumas experiências reforçaram minha compreensão sobre a imprevisibilidade e os infortúnios da vida. Minha professora principal, uma jovem adorável, morreu inesperadamente durante o feriado de Ação de Graças, e o relato de minha mãe sobre sua morte ("Ela sofria de vertigem, foi abrir uma janela no consultório do seu médico e caiu para fora") me chocou e soou como falsa desde o momento em que a ouvi. Eu já sabia o que era suicídio, e tive minhas suspeitas. No mesmo ano, um médico já velho sofreu um colapso aos meus pés, na rua, aparentemente um ataque cardíaco. Poucos meses depois de viver esse choque, eu estava brincando na ruela que levava ao nosso prédio com uma menina que também morava no mesmo edifício, quando um homem se exibiu para ela e começou a segui-la como se pretendesse estuprá-la. Quando o empurrei e disse para ela fugir, fiquei sozinho com ele tempo suficiente para ver que ele parecia um retardado inofensivo, mas também tempo suficiente para sentir um medo terrível.

Em seguida meu hamster morreu.

Passei a ter medo do escuro e medo de minha própria imaginação, que agora produzia pensamentos de morte, aparições assombradas da minha professora morta e imagens invasivas de homens caindo repentinamente nas ruas da cidade, os chapéus voando de suas cabeças. Na escola comecei a sentir uma ansiedade sufocante quando no meio de um grupo. Parecia tão fácil se esquecer de como se respira, tão fácil se sentir mal, tão fácil sentir uma necessidade desesperada de sair dali... Quando eu cantava no coro ou tocava clarinete na orquestra da escola, mal podia esperar que essas atividades terminassem logo para eu voltar a me sentir humano. Na quarta série, de pé num grupo que recitava um trecho do Êxodo, senti o rosto ficar frio como gelo e desmaiei. Essas experiências marcaram o começo do que se transformou na minha luta eterna contra a agorafobia, mas naquela época eu não tinha uma palavra para elas. Exceto pelo constrangedor episódio do desmaio público, ninguém sabia delas.

Quando eu tinha nove anos, meus pais, normalmente superprotetores, me levaram para ver o novo filme de Ingmar Bergman, *Morangos silvestres*. A assustadora sequência da abertura, na qual o personagem de Victor Sjöström tem um pesadelo, foi como uma bala de canhão em meu estômago. No sonho do velho médico, ele se vê caminhando pela rua de uma cidadezinha deserta e se aproxima de um relógio sem ponteiros. Na esquina seguinte, vê um homem de chapéu e casaco negro olhando para outra direção. Quando põe a mão em seu ombro para abordar a figura, o rosto que se vira para ele é como um saco de areia, e todo o corpo se desfaz diante dele na calçada, como um boneco, com um som de esvaziamento. Em seguida, um cavalo sem cavaleiro se aproxima, puxando uma carroça que carrega um caixão. A roda da carroça esbarra num poste de luz e oscila para a frente e para trás, fazendo o caixão balançar e emitir um rangido parecido com o choro de um bebê. Finalmente a roda se solta e sai girando pela rua; o cavalo dispara, deixando o caixão caído aos pés do médico, com a tampa aberta apenas o suficiente para que a mão do defunto seja vista para fora. Atraído por esse braço inerte, o médico se aproxima e vê de repente sua mão ser pega pela mão do cadáver, travando-se então uma luta mortal. Por fim a tampa se abre completamente, e o médico encara seu próprio rosto morto no caixão. Fiquei aterrorizado até com o relógio sem ponteiros, mas, quando o homem com jeito de saco de batata e olhos vazios virou um monte no chão, pulei na poltrona.

Nos verões eu me tornava mais consciente de ser parte de um subconjunto cultural — pessoas de origem judaica — que nem sempre era bem-vindo. É difícil saber quando essa suspeita começou. Eu já conhecia o bastante sobre o Holocausto para que ele figurasse em meus pesadelos e meus medos. Lembro de meu irmão me dizer que corriam rumores de que nossos pais eram os primeiros judeus a alugar uma casa em Bronxville e que nenhum judeu tinha casas lá.

A Colônia de Férias Mohawk me ensinou os nomes de todas as tribos nativas americanas, mas nada sobre os nativos americanos. Alguma tênue conexão se formou na minha cabeça entre o fato de nós, não americanos nativos, nos referirmos a nós mesmos como "iroqueses", "onondagas" e "caiugas" e de haver poucos judeus em Bronxville. Mohawk me apresentou a uma espécie de mentalidade de rebanho. Eu nunca tivera de jurar obediência à bandeira americana. Na nossa família, pequenas bandeirinhas eram exibidas no Quatro de Julho, um feriado que parecia comover nossos pais, do mesmo jeito que as palavras de Lincoln, Roosevelt e Adlai Stevenson faziam, ou então o excitante excerto da convenção dos democratas, ou documentários sobre a Segunda Guerra Mundial. Mas ser obrigado a ficar em posição de sentido com uma das mãos no coração recitando um juramento patriótico específico me parecia algo forçado e estranho. Um mantra obrigatório instando as pessoas à "liberdade" parecia uma contradição. E se a questão era mesmo liberdade e justiça "para todos", por que então estávamos usando nomes de antigas tribos nativas americanas em nossas camisetas?

Como as atividades na Colônia de Férias Mohawk eram em sua maior parte atléticas, eu também tive consciência de pertencer a outra minoria: a dos baixinhos. Tentava compensar isso com meu lado intelectual. Os monitores brincavam comigo por eu estar sempre lendo. Mohawk tentava instilar em nós uma noção de realidade e força em relação à natureza. Aprendíamos os nomes de borboletas e como apanhá-las com redes verdes específicas para isso, matá-las com um pouquinho de formaldeído administrado com um conta-gotas e alfinetá-las em painéis de cortiça. Durante uma aula sobre a natureza, observamos uma jiboia comer um rato inteiro vivo. No momento em que a traseira do rato estava para fora da boca da cobra, os pezinhos traseiros ainda se mexendo, me assustei e voltei à cabana, peguei um livro e me deitei em cima do cobertor.

Como todos os baixinhos de todos os lugares, volta e meia eu vivia alguma experiência cruel. Em certas ocasiões me meti em brigas com grupos de garotos maiores ao defender meninos retardados e com síndrome de Down. Obviamente eu fazia a associação com Mary na minha cabeça, mesmo que poucos dos meus amigos soubessem que eu tinha uma irmã gêmea. Pode ser até que eu tenha me perguntado como seria se Mary estivesse na colônia de férias comigo, ou por que pelo menos algumas crianças com deficiências mentais moravam com os pais. Meu rival na colônia de férias era um menino alto e convencido que gostava de maltratar os outros. Em casa meu pai havia me dito que o pai do menino era uma conhecida figura da máfia. Um dia esse garoto empurrou um dos meninos retardados e o fez chorar, e eu me meti numa furiosa briga de socos com ele, na qual fui derrotado de modo incontestável. Deitado na grama, eu mesmo reduzido a lágrimas, gritei com ele com a voz mais alta que consegui: "O seu pai é um gângster!", o que o deixou completamente chocado, chegando até mesmo a recuar, ferido por minhas palavras. O significado daquele momento mudou num instante, e de repente me senti culpado, como se eu mesmo tivesse me tornado o valentão.

Enquanto isso, lá em Sandpiper, Mary dava mostras de um desenvolvimento empolgante. Sob a tutela da srta. Anderson, ampliou muito seu conhecimento de aritmética e passou para o nível de escola primária, indo até mesmo além disso em alguns aspectos. Ela preenchia páginas infindáveis com exercícios de soma, subtração, multiplicação e divisão e até mesmo com alguns problemas iniciais de frações. Frequentava aulas de desenho e com todo o cuidado copiava casas esquematizadas, flores, árvores e o sol, em cores preestabelecidas. Alguns desses desenhos eram usados como cartas. Ela escrevia lenta e caprichosamente em cadernos pautados, aos poucos passando da letra de fôrma para uma cursiva sólida, praticada em um papel no qual cada linha negra era dividida por uma lista fina de traços azul-claros para ajudar o aluno a centralizar cada letra. Para nossa surpresa, ela aprendeu a ler, pelo menos no nível de um aluno de terceira ou quarta série. Mais surpreendente ainda foi ter aprendido a ler partituras de música. Tinha aulas de piano e se apresentava em pequenos recitais na instituição. Também parecia ter uma amizade genuína com sua colega de quarto, uma garota ruiva chamada Josie. Mary se tornou mais delicada durante seus anos em Sandpiper, transformando-se em uma jovem que parecia, se é que se pode dizer assim, mais "normal" do que nunca.

Ela era regularmente levada à igreja, onde às vezes acompanhava hinos ao piano. Desde o início a srta. Anderson a tratava tão somente como uma colega protestante, decerto porque era conveniente e natural levá-la consigo aos cultos da igreja local que ela e as outras crianças frequentavam. Como Mary parecia gostar dos passeios à cidade e se beneficiar da oportunidade de tocar piano lá, meus pais não fizeram nenhuma objeção. Imagino que a srta. Anderson tenha entendido que éramos de origem judaica. Mary ainda sabe tocar "Avante, soldados cristãos", e seus registros médicos ainda a indicam como "protestante".

Em Sandpiper ela dispunha de um nível ótimo de monitoramento, mas também de um tipo de liberdade que jamais seria possível em Nova York. A adorável casa de madeira dava para a água, porém era suficientemente cercada para permitir que as crianças corressem para fora e brincassem sem supervisão em balanços e trepa-trepas. Mary gostava sobretudo dos balanços. Mesmo depois que o auge do verão passava, o lugar mantinha um ar feliz, quase despreocupado, como se alheio a expectativas padronizadas. A casa era inundada de luz e o ar do Atlântico, salgado e cheio de maresia. As vozes das crianças eram animadas e às vezes diferentes. Um menino usava um aparelho auditivo e falava num tom solícito, nasal, como que em falsete. Frequentemente muitas vozes se levantavam ao mesmo tempo.

A srta. Anderson era inteligente, intrépida — uma pessoa única. Seu rosto me impressionava por ser peludo e masculino; seu cabelo estava sempre um pouco despenteado; tinha a aparência de alguém nas trincheiras, sem nenhuma preocupação com a própria aparência, distante do mundo urbano do glamour e da conversa fiada dos adultos. Meus pais pareciam vê-la quase como uma freira — assexuada e abnegada —, e inconscientemente também absorvi essa visão dela.

As visitas da família a Sandpiper eram importantes para mim. Por um breve momento nos reconstituíamos como uma família de cinco pessoas, mas num contexto estranho e cercados por estranhos. Comíamos sanduíches de atum com as crianças em uma das reluzentes mesas de madeira da sala de jantar e cozinha conjugadas e observávamos enquanto elas se encarregavam de limpar tudo e lavar os pratos. Às vezes alguma criança se aborrecia, chorava ou reclamava com uma vozinha estranha e aguda. Às vezes uma criança mais velha ia e se sentava no colo de um dos professores, como se ainda fosse uma criancinha de quatro anos.

As viagens para visitar Mary e conhecer as escolas que eu e meu irmão frequentamos eram as únicas verdadeiras férias que tínhamos em família. (Afinal de contas, quando estávamos em Bronxville nosso pai voltava a Nova York todos os dias da semana para trabalhar.) Para chegar a Chatham, meus pais contratavam uma limusine e um motorista (ou talvez a revista é que pagasse por isso). Eu e meu irmão nos sentíamos desconfortáveis pela falta de intimidade que isso provocava, e mortificados pela impressão que dava de a família ser rica. Chegávamos em um veículo adequado para a realeza — ou assim me parecia — e, uma vez lá, eu quase nunca dispunha de um momento a sós com Mary, e nem mesmo tinha a oportunidade de me dar conta de que desejava um.

Fosse porque instintivamente eu sentia a estridência das colocações de minha mãe sobre a união da família, fosse por causa da perda de Mary em nossa vida diária, o fato é que comecei a me tornar obcecado pela ideia da verdade, por querer situar uma base firme sob tudo que estava sendo dito à minha volta. Tive consciência de que nosso nome de família soava enganosamente irlandês, que comemorávamos o Natal apesar de nossa origem judaica. A limusine parecia outro exemplo de falsa aparência. Além de não sermos ricos de verdade, descendíamos de pessoas humildes. Naquela época, andar de limusine passava a mensagem instantânea de uma riqueza arrogante, talvez de um dinheiro que remontasse a gerações. Eu achava escandalosa a distância entre essa mensagem e o modo como eu me via. Por mais trivial que a distinção possa na verdade ser, eu já era suficientemente sensível à minha infância privilegiada sem que se exagerasse o tamanho de seus privilégios.

Entretanto, viagens para o Cabo eram de fato precedidas por uma suntuosa noite de luxo em Boston, onde nos hospedávamos no Ritz-Carlton, em frente ao parque Boston Common e aos barcos em forma de cisne. À noite jantávamos no restaurante do hotel, onde eu pedia costeletas de cordeiro e meu irmão, lagosta e ostras, e bebíamos shirley temples. Às vezes íamos a musicais em estreias pré-Broadway (*Mr. President*; *On a Clear Day You Can See Forever*) ou a um clube de jazz. Meu irmão e eu dividíamos um quarto forrado de veludo ligado ao de nossos pais. A lembrança dessa extravagância agradável me parece quase irreal hoje.

As visitas a Mary revolviam uma mistura confusa de emoções que tinha como base uma tristeza profunda. Encurralada lá dentro havia a tensão que a viagem causava em nossos pais e que de alguma forma contaminava todos os procedimentos da viagem: as paradas na beira da estrada para meu pai fazer uma ligação de um telefone público para a revista ou para sua segunda família, na época desconhecida para mim; minha mãe consultando obsessivamente o mapa do caminho; os manuscritos sendo lidos e editados no carro.

Quando chegávamos, Mary costumava estar vestida com uma saia ou um pulôver comprados por minha mãe. Ela se aproximava de nós e pronunciava nossos nomes; aceitava nossos abraços; às vezes pegava a mão de nossa mãe, ou de nosso pai, ou a minha, ou a de meu irmão, e nos conduzia até um lugar onde pudéssemos sentar. Mas essencialmente isso tudo era feito num movimento só, enquanto ela se concentrava sobretudo na sacola de compras contendo os presentes que ela ficava tão ansiosa por abrir. Podia ser que ela narrasse parte dos acontecimentos — "os pais de Mary Shawn estão vindo"; "Mary ganha presentes"; "salada de frango, chá gelado, sorvete e bolo, bombons Reese's com recheio de amendoim de sobremesa" — e às vezes ria ao olhar para nós ("Oi, Allen"), como se reconhecendo que estávamos de fato lá. "Wallace veio visitar." "Mamãe trouxe presentes." "Wallace, Mary e Allen vão comer sorvete com bolo." Em última análise, não havia nem comparação entre como ela parecera em Nova York e como ela parecia lá. A sensação é de que estava maravilhosamente bem. Seu rosto nos levava a quase imaginar que ela convivia com pessoas que sabiam entendê-la.

Mary ainda era um pouquinho mais alta do que eu. Quanto a isso, e também porque fora "mandada para a escola", com razão eu me sentia o bebê da família — coisa que, tendo nascido cinco minutos depois de Mary, de fato eu era.

Olhando para trás, vejo que meus pais entravam em ritmos radicalmente diferentes durante essas visitas. Meu pai — agorafóbico, quase sempre enrolado em seu sobretudo, e sempre, de fato, quando se encontrava perto do mar —, vulnerável por estar tão distante de Nova York e, ainda mais na orla, longe de Boston, profundamente emocionado por ver Mary, tocado pelo empenho das crianças na escola e por aquele lugar idílico e exótico para ele, devia se sentir vencido pelo esforço da viagem, pela dramaticidade da história familiar e pelo fardo das decisões que haviam tomado sobre Mary e que continuariam tendo que tomar. Minha mãe, que desenvolvia ligações extraordinariamente pessoais com todo mundo ligado à família, mostrava-se engajada e ativa, carregando pacotes para Mary, disposta a ter uma reunião com a srta. Anderson, visitando o quarto de Mary, conversando com Josie — colega de quarto de Mary —, perguntando se as roupas de inverno que mandara para Mary haviam servido.

Numa foto borrada, tirada durante uma visita no verão, estou com uma câmera fotográfica pendurada no pescoço. Outra provavelmente eu mesmo tirei: minha mãe e Mary lado a lado em balanços, Mary se inclinando para beijar a bochecha de minha mãe.

O clima da viagem de volta era sempre muitíssimo diferente, como se de alguma forma tivéssemos sofrido uma limpeza: uma espécie de exaustão e calma enfraquecida, delicada. No caminho para casa, sempre falávamos principalmente sobre Mary, e minha mãe costumava dizer que Mary lhe parecera muito melhor, que ela estava mais falante, ou parecera mais calma, ou mais crescida, ou pela primeira vez havia feito algo que nunca fizera. Por vários anos em Chatham, isso foi de fato verdade. Certa vez meu pai disse: "Ela está mais feliz do que nós".

O relaxamento físico da viagem de volta — o alívio que isso representava — era palpável. Às vezes meu pai tirava seu trabalho da valise de novo, mas acabava apenas deixando-o no colo durante todo o caminho. Dominados pelo cansaço, pelo alívio, pela tristeza e por um sentimento de gratidão associado a um estado elementar de união familiar, mesmo assim não falávamos exatamente o que ia por nossas cabeças. Ainda era impossível desafogar certa sensação de perda ou de desânimo. Em algumas ocasiões eu tocava num tema amargo, questionando se Mary estava melhorando ou se estava sendo bem tratada, mas esse tipo de comentário estava além do que nossas conversas familiares podiam suportar. Por mais profundas que fossem as emoções que partilhávamos de forma não verbal, nossas discussões sobre Mary no carro, na viagem de volta, eram rituais com certas regras.

Uma vez em casa, não falávamos mais sobre Mary. Poderia haver outra conversa no dia seguinte, uma última nuvem pairando no céu carregado do dia anterior, mas depois o assunto se encerrava mais uma vez.

Eu nunca soube se Mary sofreu ao ser deixada em Sandpiper depois daquele primeiro verão. Quando tento imaginar agora como ela pode ter reagido à notícia de que iria ficar lá, ou como foi preparada para isso, não consigo. Nossa mãe costumava nos contar que ela estava feliz e que na verdade tinha medo não de continuar lá, mas de voltar para Nova York, e que quando ela ia fazer qualquer excursão precisava ser tranquilizada de que o passeio não a levaria de volta para casa ("Nova York não! Nova York não!"). Pode ser que ela tivesse razão. Com certeza Mary *era* mais bem compreendida naquele ambiente do que em sua própria casa. Nossa mãe especulou que até mesmo rever o apartamento da rua 96 assustaria Mary e a faria pensar que estava voltando para lá de vez. Muitos, muitos anos depois, quando nossa mãe não podia mais visitar Mary, levamos essa advertência ao pé da letra e tomamos o cuidado de, até mesmo em Nova York, levar Mary a um lugar neutro — um quarto alugado em um hotel — para os nossos breves almoços de aniversário.

Anos depois de Mary estar vivendo em Sandpiper, quando ela e eu tínhamos catorze ou quinze anos, perguntei a meus pais se eu podia passar os meses de verão lá, talvez trabalhando em algum tipo de emprego. Minha ideia não foi bem recebida, sob a argumentação de que, assim como uma visita ao apartamento, minha presença poderia confundir e entristecer Mary, fazendo com que, no mínimo, se apegasse muito a mim.

5. Coisas não vistas

Talvez tenha sido só um acaso, mas com a ausência de Mary instintivamente passei a me interessar pelos aspectos intangíveis da vida, por coisas invisíveis. Seguindo meu interesse por sonhos, consegui fazer com que meus pais e muitos amigos deles me contassem alguns dos seus para um trabalho da escola sobre esse tema. Um dos professores astutamente nos passou a tarefa de visitar uma igreja protestante e uma católica e escrever nossas impressões. Eu me apaixonei pela liturgia católica. Por algum tempo assisti a missas com certa regularidade. Mais uma vez, como ocorrera com meu "programa de televisão", encontrei alívio em uma atividade solitária por meio da qual, entretanto, eu sentia uma conexão humana. A congregação da igreja que eu frequentava era hispânica, a maioria pobres e também muitos idosos. A missa era em latim, um texto que eu conhecia da música. Havia uma imagem da crucificação esculpida em pedra e um monumento à virgem que coincidentemente tinha o mesmo nome da minha irmã. O lugar era cavernoso, frio, ecoante e quase nunca estava lotado. A voz do padre se desenrolava no ar em uma cantilena murmurante; havia sinos e carrilhões de vários registros, sons farfalhantes de casacos quando as pessoas se levantavam e sentavam, e de preces murmuradas badalando contra a estatuária. Eu rezava; eu me ajoelhava; eu participava — como um intruso, mas na minha cabeça como um convidado especial. Essa foi a dimensão da minha breve fase católica. Adentrar um espaço religioso fazia sentido para mim, até mesmo se curvar e "adorar" fazia sentido — embora crenças religiosas específicas nada significassem para mim, nada. A ideia de um espaço religioso, a necessidade de encontrar um lugar onde o sentimento religioso pudesse se expressar permaneceu em mim. Na verdade, eu hesitaria em me definir como um descrente, porque acho absurdo, até mesmo irritante, questionar se uma pessoa acredita ou não. A vida é infinitamente inconcebível, infinitamente cruel e incompreensível. O que existe para acreditar ou para não acreditar?

Meu interesse por religião acabou se transferindo para outros projetos da escola, como nosso estudo sobre a Reforma, no qual lemos a peça de John Osborne sobre Martinho Lutero e a biografia analítica de Erik Erikson sobre essa figura central da Reforma. Memorizei a maior parte da carta de Paulo aos coríntios (sem, claro, saber que são Paulo fora um ex-judeu que, como meu pai, mudou de nome). Na carteira eu levava uma foto de Martin Luther King Jr., entre uma do meu amigo Jay e uma de Willie Mays pegando um arremesso na altura do ombro.

Desenhar também era uma forma de eu me expressar em todos os lugares e a qualquer momento do dia. Em casa, todo pedaço de papel ou bloco podia se tornar o pano de fundo para o rosto de alguém. Metade dos rostos que eu desenhava era de afro-americanos. O restante era de figuras paternas, com chapéu de feltro, terno e gravata; ministros e padres de todos os tipos;

e mulheres curvilíneas, embora retratar suas curvas exigisse um nível de talento e conhecimento anatômico que eu não tinha.

O verão em que Mary foi para a colônia de férias não é um dos que eu me lembro bem. Sei apenas que em sua ausência a música me parecia diferente. Quando eu tinha quatro ou cinco anos, professores de música perceberam que eu conseguia manter um ritmo, e comecei a participar das *jam sessions* de piano do meu pai acompanhando-o com um timbalão de couro para crianças que trazia a imagem de um chefe indígena americano. Não demorou para que eu estivesse tocando um tarol e um prato com vassourinhas. Acabei comprando um chimbal. Na verdade, nunca toquei tambor maravilhosamente bem. Com oito anos, aprendi rudimentos da leitura de ritmos e da clave de sol por meio de aulas gravadas, e logo comecei a aprender clarinete. Mas a verdade é que eu estava muito mais interessado no violino do meu irmão. E porque eu queria muito um violino de brinquedo que vi na vitrine de uma loja da Madison Avenue, a poucos quarteirões de casa, cometi um dos crimes de minha infância. O violino custava uma quantia peculiar (algo como 9,78 dólares), muito além do que eu conseguiria poupar da minha semanada, e implorar por ele não surtiu efeito, pois não era época de festas. Meu irmão não era exatamente cuidadoso com seus pertences, e isso incluía moedas; ele as tirava do bolso do casaco e, junto com pacotinhos de Kleenex e cópias da revista *MAD*, as largava em cima de sua escrivaninha. Sabendo que o que eu ia fazer era reprovável, entrei de fininho no quarto dele e peguei em cima da escrivaninha o dinheiro de que eu precisava, desci a rua e fiz minha compra. Quando me viu com o violino, minha mãe logo suspeitou de alguma coisa, e sua expressão fez meu coração se apertar. Aleguei que, para minha surpresa, eu havia encontrado exatamente a quantia de que eu necessitava caída na calçada em frente ao nosso prédio. No entanto, antes de terminar minha explicação, explodi em lágrimas, de vergonha e remorso. Meu violino de brinquedo foi devolvido à loja.

A primeira vez que a música me tocou de uma maneira nova depois que Mary saiu de casa foi em uma apresentação de *O lago dos cisnes* no City Center, na rua 56. Deve ter sido a versão reduzida de Balanchine e seu final trágico. Em vez de se juntar a Odette em sua forma humana no encerramento do balé, o príncipe via sua amada desaparecer para sempre, ainda sob o feitiço, na forma de um cisne. A música altamente emocional de Tchaikóvski disparou algum mecanismo interno em mim. Depois daquilo, embora eu ainda gostasse de desenhar, e de beisebol, e de ser engraçado, e de escrever histórias, passei a me ver absorvido de alguma forma pela música o dia inteiro. Inspirado pelo piano que meu pai tocava, comecei a passar algum tempo no teclado tentando aprender as passagens de *Rapsódia em azul* que eu lembrava, e depois encontrando acordes e melodias que eu mesmo criava. Inventar coisas, estendê-las e memorizá-las foi algo natural. Minhas habilidades em notação musical eram limitadas demais para que eu pudesse registrar essas "obras". Eu ainda não sabia sequer escrever a clave de fá. Mas eu dava títulos às músicas ("O acordeonista moribundo" era um deles), e em uma memorável reunião na escola, quando eu cursava a quarta série, na frente de duzentos alunos, me sentei ao piano e toquei algumas delas. Lembro muito bem dessa primeira experiência com a emoção de ser aplaudido não só por educação, mas com entusiasmo; da repentina agitação de me sentir especial; da descoberta de uma expressão desimpedida e integral — fuga de mim, da minha família, da minha idade cronológica, das minhas ansiedades — para a liberdade dos sons.

A música me pertencia. De alguma forma eu conseguia ser inteiramente vivo na música de um modo que eu nunca havia sido. Eu desaparecia dentro dela e ainda assim nela descobri um novo eu. Melodias podiam ser combinadas para falar de maneira poderosa, tão poderosa quanto necessário, porém eu ainda continuava protegido.

Ainda não tivera aulas de piano, mas meu amor pelo instrumento e minhas invenções musicais convenceram meus pais a encontrar um professor para mim. Eles pareciam quase chocados com tal desenvolvimento.

Com minha ascensão como um pequeno músico, desfrutei de um novo respeito na escola e na família. Minha professora de piano, Frances Dillon, acreditava no meu talento e me levava a sério como um futuro compositor, fazendo-me ultrapassar rapidamente as barreiras do aprendizado de notação musical. Na sétima série, apareci em uma montagem escolar de *A tempestade* no papel de Ariel (meu amigo Jay foi Caliban) e pude escrever e cantar minhas próprias músicas para os belos versos de Shakespeare, encontrando também, enfim, alguma utilidade para o meu gravador. Não demorou para que me pedissem que escrevesse algo para a orquestra da escola, e também não demorou para eu ouvir a palavra "gênio" dirigida a mim por colegas e professores. Eles não faziam por mal, mas, estranhamente, a palavra na verdade machucava. Não existem tantas crianças compositoras como existem crianças pintoras, escritoras ou atores e atrizes, e a presença de uma cria uma espécie de deslumbramento. Para meus pais, que haviam sofrido com o feitiço lançado sobre sua filha — forçando-a a ser sempre um cisne, apesar de sua humanidade —, como deve ter sido tentador pensar que, em compensação, um bom feitiço havia sido lançado sobre mim.

As aulas da srta. Dillon nunca eram rotineiras. Seu senso musical era dinâmico e extraordinariamente vivo. Tinha o hábito de caminhar pelo cômodo enquanto o aluno tocava — por exemplo, exclamando em meio à música de Beethoven: "Que compositor!", ou "Escute só a mão esquerda!", ou "Mais dentro nas teclas... e sofra!". Ela era exatamente o que eu precisava na vida, não apenas alguém para me incentivar e acreditar em mim, mas também um adulto menos inibido e recatado que meus pais. Além das aulas realizadas na atmosfera viva do Mannes College, na rua 74, nos encontrávamos muitos sábados em seu apartamento próximo à Lexington Avenue, onde ela então sentava a meu lado com seu robe de seda chinesa, enquanto sua gata, Pita, dormia junto aos pedais do piano; e as aulas duravam tanto tempo quanto fosse necessário. Apesar de ter uma confiança inequívoca em mim como um colega compositor, ela provavelmente desejava que eu me tornasse pianista. Ela me fazia tocar Chopin, Berg e Prokofiev para suas turmas da faculdade de pedagogia. Parecia valorizar meus instintos estéticos. Juntos, com ela tocando a redução da orquestra, enfrentávamos o Concerto em D Menor de Bach e o Concerto em C Menor de Mozart, K. 491. Em um relatório a meus pais que li anos depois, ela escreveu que meu piano era de um "alto nível universitário". Eu tinha catorze anos.

Apesar de a srta. Dillon provavelmente me entender de um modo que ninguém mais entendia, eu não confiava a ela minhas sensações de ansiedade e de claustrofobia, sensações que com certeza me afastaram da ambição de me tornar um músico que se apresentasse em público. Ela sabia que eu sofria de dores de estômago e que passava mais do que tão somente alguns dias deitado de lado, com dores, nos azulejos frios e octogonais do chão do meu banheiro. Ao permitir que eu aprendesse a tocar a Sonata, op. 1, de Alban Berg, a obra de um jovem de 21 anos hipersensível que tentara o suicídio, ela com certeza entendeu que seria uma válvula de escape para um aspecto importante da minha personalidade. O desespero explícito de Berg e sua histeria contida fizeram uma corda vibrar em mim, e memorizei a obra com facilidade. Foi uma das poucas composições que eu tocava sem ficar nervoso, porque, acho, liberava a raiva e a agitação que eu normalmente tentava suprimir em público.

Nessa época, a srta. Dillon me apresentou, por meio de concertos, visitas a clubes noturnos, gravações e programas de televisão, a um amplo espectro de linguagens musicais. Impactado por Bartók, Stravinski, Schönberg, Berg, Ives, Prokofiev, Ellington, Mingus e Thelonius Monk, fui alçado à ideia de um destino como compositor. Música de um passado mais distante — Bach, Mozart, Beethoven — parecia tão empolgante quanto a visão de uma montanha, mais parecida com uma parte permanente da própria natureza do que com algo que eu pudesse incorporar ao meu jeito de ser como compositor. Muito dessa preparação ocorreu graças a meu irmão, que, a despeito de qualquer ciúme que pudesse sentir pelo que estava me acontecendo, sentava comigo em nossa sala para ouvir música. Foi assim que ouvimos *Moisés e Arão*, de Schönberg, com suas linhas de abertura ("[...] um, infinito, onipresente, despercebido e inconcebível [...]"), que poderiam representar vários aspectos da nossa vida familiar, as óperas de Berg *Wozzeck* e *Lulu*, e acompanhávamos o folheto de *A paixão de são Mateus*, de Bach, e os quartetos de cordas tardios de Beethoven, músicas do passado que eu adorava tanto quanto qualquer música do século xx. Meu irmão também executava as inúmeras peças que eu escrevia para seu solo de violino e para nós dois no violino e no piano e — indispensável para minha vida mais tarde — trabalhava comigo em nosso teatro de marionetes, para o qual ele escrevia as letras e eu agora compunha a música. Ele até mesmo passava a limpo, à mão, algumas composições minhas.

Meu irmão já era admirado pela inteligência e sua personalidade forte, por ser um pensador e um artista nato, um performer tão brilhante quanto sério. Repleto de um entusiasmo social, ele sempre foi um foco natural de atenção. Ainda lembro do orgulho que senti quando, com cinco anos, fui dispensado de uma aula para ir ao auditório da escola vê-lo interpretar Sócrates em uma peça. Ele nascera para o papel. Quando comecei a compor, ele já havia atingido certa notoriedade graças à franqueza de seus contos, que extrapolavam o limite da discrição e do bom gosto exemplificados pela revista de nosso pai, cujo tema escandalizou alguns de seus professores mais acanhados. Até mesmo suas pinturas da infância causaram polêmica. Sua mostra individual no saguão da Dalton School — naquela época, essa escola era única na tradição de dar a seus alunos oportunidades de brilhar individualmente — havia levado alguns professores a pedir a remoção das pinturas, consideradas violentas e sensuais demais para uma exposição de escola primária. Mas, tão importante quanto isso, seu uso da linguagem já era fluido, exuberante e virtuosístico, e sempre fora naturalmente assim. Ele tinha um ouvido musical para a palavra, mesmo com oito anos, quando escreveu o seguinte no cartão do Dia das Mães: "Para a melhor e mais maternal mãe que Deus um dia colocou sobre a Terra".

Mesmo no início da adolescência, sua escrita já era imbuída de uma luxuriante sensualidade, bem distante do éthos reprimido da família — cheia de apetites e excreções corporais e mais próxima do realismo mágico sul-americano ou do estilo de Norman Mailer do que da moderação urbana de John Cheever, William Maxwell ou muitos dos escritores que nosso pai publicava. Em casa meus pais aplaudiam sua vitalidade intelectual e seu lado elevado e racional — um amigo da família vaticinou que ele poderia se tornar um juiz —, mas pareciam ressabiados por seus dons imaginativos e literários.

Tendo provavelmente ansiado por atenção (que não viesse apenas da minha imaginária plateia televisiva), eu com certeza a estava recebendo graças ao meu empenho musical. Ao mesmo tempo, sabia muito bem que eu ainda não era um compositor de verdade. Era confuso passar da aconchegante privacidade e concentração de tentar acertar as notas para a esfera pública na qual meus pais e outros expressavam um entusiasmo indiscriminado e exagerado com o que eu compusera. Para mim, a música era algo em que eu estava trabalhando; para outros, era mágica. Também não me passou despercebido que, enquanto eu fora logo apelidado de "artista talentoso", meu irmão, já quase um artista maduro, era festejado apenas por suas "habilidades" verbais e por sua "mente lógica". Nós dois estávamos sendo rotulados.

Por um lado, meu irmão tinha sorte por seu trabalho artístico ser considerado escandaloso. Isso tinha o efeito de manter seu trabalho literário na esfera privada. Minha música, ao contrário, era considerada uma espécie de delicada planta pública que só precisava do tipo certo de solo, insolação e água. Claramente isso tinha tudo a ver com a fragilidade de Mary e os temores que me eram transmitidos como seu irmão gêmeo com um futuro viável na sociedade. Mas toda essa atenção me fazia querer me esconder.

O interesse do meu pai por jazz e suas frequentes excursões noturnas a clubes exerciam enorme influência em mim, porém minha mãe via com nervosismo a vida dos músicos de jazz e o éthos sexy, extático e transgressor desse tipo de música. Na verdade, os dois acalentavam a ideia de que meu futuro culminasse em algum tipo de eminência estabelecida e realizada, e ficavam desconfortáveis com a precariedade e a imprevisibilidade da vida dos artistas de verdade. Meu pai vivia num mundo de enormes realizações e com pessoas cujo trabalho já era bem-sucedido ou que ele tinha condições de apoiar. Sua própria experiência como artista, tanto na música quanto na escrita, não havia ido além do estágio inicial e o deixara com pretensões irrealizadas e talvez com dúvidas sobre se poderia ter enfrentado o fracasso mundano ou explorado de fato sua própria e complexa natureza. Seu medo parecia estar ligado ao estilo e ao conteúdo dos primeiros escritos de meu irmão. No meu caso, seu medo parecia se expressar na convicção de que eu teria êxito no que quer que fizesse. Quando eu tocava piano, ele dizia que eu soava "como Richter"; quando eu regia, eu era "como Bernstein" — comparações que, por mais estimulantes que fossem, me envergonhavam por estarem tão fora de proporção com o potencial que eu sentia em mim, e eu temia que apenas o nível mais alto de realização valesse para ele. Frequentemente jantávamos em um restaurante onde um pianista cada vez mais velho tocava tilintantes arranjos de bom gosto, e meus pais se preocupavam, em voz alta e fazendo piada, com a possibilidade de eu terminar daquele jeito. Para mim não se tratava de uma piada muito engraçada, já que eu ouvia o quão habilidoso o pianista na verdade era, e talvez mesmo nessa época eu já soubesse que aceitaria muitos empregos como aquele na minha vida. (E hoje sei que se tratava de um emprego perfeitamente válido.)

Minha mãe, por sua vez, tomou para si a responsabilidade de guiar meus hábitos musicais, instituindo a regra de que eu podia ouvir apenas um disco de jazz para cada três discos de música clássica. Isso pareceu jogar sobre meus ombros um antagonismo entre as visões que meus pais tinham de música, estimulando mais conflitos em mim. Tendo instintivamente usado a abstração da música para me expressar de forma livre e por fim romper com meu papel predefinido de filho "fácil", eu via que até mesmo a música podia ser considerada "imprópria". Minha mãe também às vezes ficava desconfiada da srta. Dillon, achando que ela era possessiva demais e às vezes reclamando de ela ser "rude".

Como muitos jovens compositores, fiquei eletrizado com meu primeiro encontro com *A sagração da primavera*, de Stravinski, que ouvi em uma gravação sentado ao lado da srta. Dillon em Bronxville. Lá estava uma erupção tão primal quanto aquelas que perturbavam Mary, um grito universal rasgando simultaneamente o tecido da adequação, da alegria e do trágico. *A sagração* parecia se insurgir contra a finitude da vida, ao mesmo tempo que a transcendia. Sua catarse era abstrata, não verbal, mas também afetivamente "primitiva" e de uma profunda elegância. Meses depois, assisti a uma apresentação, pelo Quarteto Juilliard, do Quarteto de Cordas n. 6 de Bartók, seu último, aquele no qual o mesmo tema lúgubre introduz os primeiros três movimentos e em seguida domina o quarto movimento, e quando voltei para casa disse aos meus pais que agora tinha certeza de que desejava ser um compositor. Para mim, Bartók representava uma espécie de ataque sub-reptício ao autocontrole exigido pela vida civilizada. Parecia falar abertamente sobre morte e angústia, mas numa linguagem pública e com um senso de decoro que podia ser tolerado. Esses encontros musicais ocorreram no ano em que a srta. Dillon me permitiu estudar a Sonata op. 1 de Berg e me deu como tarefa a excepcional *Seis pequenas peças* de Schönberg. Essas quatro obras sombrias do século xx me marcaram para a vida toda.

Quando chegou a época de compor para a orquestra da escola na primavera do meu 13º ano, primeiro delineei algumas passagens violentas cheias de deslocamentos rítmicos e harmonias dissonantes sem dúvida nenhuma inspiradas em Stravinski. O olhar entusiasmado no rosto do professor de música quando lhe mostrei os esboços mitigou o desânimo que senti quando ele me disse que eu precisava ser mais realista e prático ao compor para um público escolar. Deixando aquelas páginas de lado, decidi então pegar uma obra de piano que eu compusera para e "sobre" meu irmão e transformá-la em uma obra para piano e orquestra. "Older Brother" [irmão mais velho], como a chamei, era um tema com variações baseado no tradicional e monótono ritmo de xingamentos infantis. As variações exploravam vários humores e estilos, abrangendo do luxuriantemente lírico até um episódio de jazz no qual eu tocava direto nas cordas mais baixas do piano com baquetas leves, criando um efeito baixo quase duplo. O título do trabalho podia muito bem ter sido "Younger Brother" [irmão mais novo], já que era um retrato da minha afetiva, provocativa e heroica veneração por meu irmão. Por mais juvenil que esse esforço fosse, me possibilitou uma educação instantânea em forma, orquestração e finalização. Pensando nisso agora, vejo que Mary também estava presente na obra, que não por acaso o conteúdo programático dessa primeira composição de grande escala era sobre um irmão. A música era uma linguagem que minha irmã havia entendido antes de mim. A música estava me ajudando a me sentir conectado a ela e a dar voz às muitas emoções contraditórias legadas a mim pelo fato de ser seu irmão e pela perda de sua companhia. Também é tentador pensar que, enquanto "Older Brother" era sobre meu irmão, meus esboços originais, violentos haviam sido sobre Mary. E assim como ela tinham sido "descartados" por serem desregrados e selvagens demais.

Ao mesmo tempo que eu parecia estar progredindo do ponto de vista musical, estava sutilmente consciente das minhas deficiências. Eu compunha com a mesma espontaneidade com a qual desenhava rostos, muitas vezes sentando na cama e rascunhando uma composição que de alguma maneira eu conseguia ouvir mentalmente. (A srta. Dillon disse a meus pais que eu tinha um ouvido absoluto.) No entanto, eu nada sabia sobre composição formal. Quando ouvia uma obra completa, sentia que minha música nada mais era que um esboço — com uma boa forma geral, uma proposta emocional e muitos bons toques, mas também com falhas de continuidade, trechos tênues demais e, de vez em quando, erros graves bem reais. Eu não tinha vergonha da música; apenas de já ser chamado de "compositor". Como a minha reação ao andar de limusine, eu tinha uma consciência dolorosa da disparidade entre a maneira como as coisas pareciam aos outros e a maneira como pareciam a mim.

E eu também simplesmente estava com medo. Quando meu professor de clarinete sugeriu que seu quinteto de sopro poderia tocar o quinteto que eu escrevera, procrastinei a entrega da composição até ele esquecer a ideia. Por intermédio do meu amigo Hank, cuja família era próxima de Leonard Bernstein, tive a chance de cantar na ala do coral de meninos da Terceira Sinfonia de Mahler com a Filarmônica de Nova York. Recusei o oferecimento, com medo que a claustrofobia me dominasse no palco.

Sem eu saber, quando a orquestra da minha escola se apresentou, na plateia estavam o sr. e a sra. David Dushkin, diretores da Colônia de Férias Musical Kinhaven de Weston, em Vermont. A colônia de férias fora recomendada a meus pais, e minha mãe havia escrito aos Dushkin sobre minha próxima apresentação musical, que acabou coincidindo com a visita anual deles a Nova York para testar novos talentos. Evidentemente minha composição, na qual eu também tocava a parte para piano, era o meu teste, e tudo indica que passei. Ao avistar os Dushkin com seus casacos no auditório da escola, tive a impressão de ver uma dupla mágica irradiando uma vida toda de envolvimento tanto com a música quanto com a educação. Fiquei sabendo depois que os Dushkin haviam se conhecido quando eram alunos de Nadia Boulanger, em Paris, onde ambos estudaram para ser compositores. David, o diretor da colônia de férias, era elegante e caloroso, a própria alma de uma mente gentil. Ele nascera na Rússia e era irmão de Samuel Dushkin, com quem Stravinski realizara uma turnê pela América fazendo recitais a dois, e para quem ele escrevera seu Concerto para Violino. Dorothy vinha de uma distinta família da Nova Inglaterra. Impiedosa, divertida e intensa por natureza, ela seguiu como compositora. Quando não estava trabalhando em sua música, ela trabalhava no jardim com seu chapéu de abas caídas e botas enlameadas, arrancando ervas daninhas, podando e parando para esfregar as sobrancelhas.

Kinhaven, onde passei os quatro verões seguintes, foi o lugar mais perto do paraíso ao qual cheguei e ao qual provavelmente chegarei. Situado em uma região verdejante e gloriosamente montanhosa de Vermont, era cercado por colinas luxuriantes sobre as quais pairavam os mais fascinantes e algodoados cúmulos que jamais vi. Estávamos cercados pela natureza e por música o dia todo. Eu tocava clarinete e piano em grupos de câmara e era incentivado a compor. No meu primeiro verão, compus um quinteto de sopro e mais uma vez experimentei escrever para orquestra, dessa vez para um grupo que tinha uma seção de percussão completa e baixos duplos na seção de cordas. Eu ficava sentado embaixo de uma árvore, descalço, trabalhando na música, ouvindo o som crocante das folhas, dos gritos distantes de jovens nadando ou jogando vôlei ou de alguém praticando trompa nos meus ouvidos. Minha obra para orquestra chamava-se *Overture to a Ballgame*. Nela usei as poucas notas de abertura de "Take Me Out to the Ball Game" como tema e ilustrei situações imaginárias de beisebol de uma maneira impressionista, como o som de um *woodblock* fazendo as vezes do barulho de um bastão. Como num jogo de beisebol, a composição tinha seus momentos de suspense, tumulto e calmaria — e também certa ternura nostálgica. O sr. Dushkin pediu que eu a regesse nos concertos de final de verão, quando os pais iam buscar seus filhos. Uma semana antes do concerto, fiquei com dor de garganta, com o pescoço duro, tive uma dor de cabeça excruciante e febre alta. Eu me sentia doente e, mais que isso, achava que nunca mais fosse melhorar. O próprio sr. Dushkin supervisionou meu tratamento na enfermaria, como se me considerasse não só um jovem da escola, mas ainda um "artista enfermo", muitas vezes levando ele mesmo comprimidos e suco em copinhos de papel, preocupado como um médico da Primeira Guerra Mundial cuidando de seus moribundos. No dia do concerto, eu havia melhorado o suficiente para, tremendo, subir ao pódio e reger. Quando a música começou, me senti dividido em dois. Por um lado, quase sobrenaturalmente vigoroso e otimista; por outro, como se uma doença terrível estivesse tentando me arrastar para uma cova precoce.

Esse mesmo padrão se repetiu todos os verões em que estive na colônia de férias: eu compunha minha música para orquestra, caía ardendo em febre e voltava à vida a tempo de reger. É difícil para mim não me lembrar disso de uma forma quase mítica, como uma espécie de altercação violenta entre meu eu exterior e meu eu interior, como se parte de mim estivesse tentando trazer as emoções e a insondável vida interior de Mary de volta do mundo dos mortos e, com ela, finalmente expor à luz meus sentimentos mais profundos. Uma coisa era fazer essas afirmações sobre a força da vida no papel, e outra muito diferente era ficar de pé e afirmá-las como minhas em público.

6. Rachaduras entre as teclas

Por quatro anos seguidos, a partir da sexta série, fui como um filho único no apartamento de meus pais. À parte as férias, meu irmão estudava fora, primeiro na Putney School, uma escola progressista em uma fazenda em Vermont, depois em Harvard, enquanto seu quarto permanecia como um museu de tudo que o interessara até os catorze anos. Sempre que voltava, ele havia mudado um pouco, estimulado por novos conhecidos, interesses e histórias, e ansioso para me atualizar em tudo isso. O tema dos nossos teatros de bonecos anuais de Natal (que continuaram até eu fazer dezenove anos e meu irmão, 24) compunha como que um panorama de sua evolução intelectual e me desafiava a adaptar minha linguagem musical a cada tema e cenário. Na época em que ele foi para a faculdade, fizemos encenações sobre a China antiga e as *Odes* de Horácio. Na ausência dele, que durava a maior parte do ano, a casa parecia desprovida de força magnética. A ausência de Mary era como uma caverna profunda que houvesse sido escavada no quarto dela sem, no entanto, ser mencionada.

Enquanto isso, eu me aproximava de minha mãe e, sem saber, pressentia suas preocupações com seu casamento e seus receios por ter de ficar mais longe de mim.

As discussões de família que às vezes aconteciam nos feriados começavam em geral com uma queda de braço entre meu irmão e meus pais sobre se eu o acompanharia a essa ou àquela festa "sofisticada" ou a alguma programação perigosa ou "hiperestimulante". Tendo testado precocemente os limites da decência artística, meu irmão também se opunha a restrições, admoestações e temores parentais. Minha mãe receava que eu me sentisse atraído pelas namoradas do meu irmão e que uma delas pudesse ir furtivamente para a cama comigo, algo que, pena, nunca aconteceu. Eu tinha uma vaga consciência de que, enquanto meu irmão conseguira se separar da família estilística, filosófica e fisicamente, algum temor rondava meu processo de amadurecimento. Nessa época, em um momento em que estávamos a sós, minha mãe certa vez me disse baixinho: "Eu sei que você não vai se rebelar como seu irmão".

Nesses anos como "filho único", sem saber eu marinava no conflito que havia entre meus pais por causa da vida amorosa secreta de meu pai, e a todo instante me via cercado por lembranças de minha irmã, sem a presença da personalidade forte de meu irmão para dissipar certa sensação de tristeza que se instalara em casa.

No meu primeiro ano no ensino médio, passado em Nova York no Friends Seminary da rua 16 Leste, fui o oposto de um agorafóbico. Voltava para casa do colégio todas as noites implorando que meus pais me deixassem ir para a escola de Vermont no ano seguinte, como meu irmão fizera com a mesma idade. Eu pressentia que estavam se agarrando a mim e que esperavam que eu ficasse com eles no apartamento mais tempo do que meu irmão ficara. Nem uma vez pensei no assunto do ponto de vista deles nem considerei que eu era o último filho a ir embora. No Friends Seminary eu me sentia um intruso e me tornei membro do que se poderia chamar de "subcultura negativa", um grupo de desajustados e desleixados unidos mais por não gostarem da escola do que por qualquer afeição mútua. Também foi onde pela primeira vez encontrei o estilo antagonista de lecionar: o professor de inglês que ensinava a diferença entre "its" e "it's" dando um F a toda redação que confundisse os dois e riscando uma linha vermelha da ocorrência ofensiva até o final da folha; o oprimido, reprimido e efeminado professor de música que ficava roxo até a raiz do cabelo tentando nos intimidar para imprimirmos alguma vitalidade ao lúgubre arranjo de quatro partes de "On the Street Where You Live" que éramos forçados a cantar. A escola parecia estimular certa sensação de conformismo otimista no corpo estudantil; os alunos sorriam falsamente pelos corredores, puxando o saco dos professores. A professora de quem eu mais gostava, a sra. T., transmitia alguma complexidade real. Os alunos comentavam à boca pequena que ela era divorciada. Ficou claro para mim que amava música quando o dies irae do *Réquiem* de Verdi começou a tocar em uma sala de aula distante e ela fez uma pausa para se extasiar com o som do coro angustiado e dos golpes primais do bumbo. Eu achava falsa a pretensão comunitária das reuniões quacres e permanecia indiferente aos comentários espontaneamente edificantes que os alunos e a própria faculdade se apressavam em oferecer. Eu gostava, isso sim, dos silêncios. Neles eu contemplava minha saída da escola e as excitantes possibilidades que me aguardavam no futuro.

Meus momentos mais felizes eram os intervalos para o almoço, quando eu podia improvisar no piano do saguão durante 45 minutos. Não me importunava nem me distraía vários alunos trazerem seus almoços para o saguão onde eu tocava. Outra lembrança feliz é a de apresentar *Três Rondós*, de Bartók, em um concerto ali. Mas o ano passou sobretudo sob o signo da tensão e do desconforto. Amigos eram como um sapato apertado que simplesmente não servia em mim.

No meu segundo verão em Kinhaven, me vi de novo no paraíso, mais uma vez compus uma música para orquestra, mais uma vez fiquei doente durante uma semana antes da apresentação e mais uma vez saí da cama para regê-la. Também foi o verão em que conheci o amor, na pessoa de uma pequena e delicada jovem violinista e cantora de cabelo loiro encaracolado que parecia um anjo de Fra Angelico. Embora eu já tivesse tido uma enfiada de paixões não correspondidas — no verão anterior me fixara em uma flautista de olhos de corça que só queria ser minha amiga —, dessa vez me interessei por alguém que me correspondeu. Garota culta, poética, com uma graça silenciosa e uma vida interior apaixonante, L. tinha traços delicados e perfeitos e uma voz baixa, melodiosa como o tilintar de pequenos sinos. A começar por nossa baixa estatura, eu e ela éramos plausíveis sob todos os aspectos. Partilhávamos de uma natureza sensual, um tanto irônica e escondida atrás de uma aparência inocente. Havia vezes, entretanto, que me sentia quase grosseiro, comparado ao extremo refinamento dela. Eu achava que não a merecia, que ela me admirava demais. Mas, se havia um problema sério entre nós, era simplesmente que eu tinha uma irmã gêmea na qual costumava não pensar. Eu não admitia que, tendo vindo para este mundo ligado a Mary, para mim o amor era um regresso. Quando eu pegava na mão de L., sabia que estávamos apaixonados, mas não sabia por que segurar sua mão era algo que me parecia por algum motivo familiar.

Além disso, meu irmão e eu havíamos, de formas muito diferentes, absorvido as mensagens sexuais contraditórias de casa: o sentimento transbordantemente romântico de nossa mãe por nosso pai em contraposição às palavras nervosas dela, cheias de cautela, sobre sexo; a aura repleta de paixões de nosso pai, reprimida e poucas vezes expressa de modo aberto. Enquanto nossa mãe parecia fixada nos primeiros 25 anos de união deles — os anos de paquera, lua de mel, os tempos difíceis nos anos 1930 em Nova York, e o nascimento do primeiro filho, meu irmão —, nosso pai fazia poucos comentários sobre o casamento e raras vezes evocava seu passado ou o passado deles. Havia um decoro na maneira como ele a beijava na porta de casa, a caminho do trabalho, ou na maneira como aceitava a mão da esposa quando ela buscava a sua que poderia significar timidez, discrição, indiferença aos sentimentos românticos que poderia ter por ela ou repugnância sexual — impossível dizer qual. Por outro lado, ele visivelmente se deleitava com a presença física e a aparência de outras mulheres que conhecia ou que via no cinema e na televisão e, pelo menos em família, não hesitava em comentar sobre como elas eram atraentes. A escrivaninha de nossa mãe estava cheia de bilhetes amorosos que ele lhe escrevera ao longo do casamento. Ainda assim, alguns colaboradores da revista pareciam pensar que nosso pai era um monge. Havia uma piada segundo a qual seus filhos eram prova de que ele "fizera aquilo duas vezes".

A própria revista, claro, era famosa por usar uma linguagem eufemística ao se referir a funcionamentos corporais. Esse cuidado se estendia não apenas ao sexo, mas, até certo grau, aos aspectos mais escatológicos da vida, exceto aqueles que tivessem uma significância global e política. Divórcios, vícios, problemas médicos e psicológicos não constituíam matéria-prima dos perfis e eram assuntos tratados de forma discreta mesmo na ficção.

Enquanto isso, os lados ocultos de nossa vida familiar — a deficiência e a ausência de nossa irmã, o desgaste psicológico e conjugal de nossos pais — provavelmente serviam como combustível para os meus esforços criativos e os de meu irmão, já que justo esses aspectos da vida que se mostravam ausentes das conversas familiares e da revista — o insípido, o chocante, o não razoável, o violento, o incontrolável, o pessoal, o psicológico — pareciam ser os mais fascinantes. Vários enredos do teatro de bonecos de meu irmão giravam em torno de vidas secretas. Num deles, *Fins and Feet* [Barbatanas e pés], um psiquiatra tinha uma vida secreta no oceano, onde podia conversar com golfinhos; ao mesmo tempo, sem que sua mulher, Bettina, soubesse disto, ele vinha de uma família de ladrões. (Esse mesmo tipo de dualidade se encontra no âmago do libreto de ópera que meu irmão escreveu para mim em 1983 e que se tornou nosso trabalho *The Music Teacher*.) Mary não estava ausente como influência. O mundo imaginativo de meu irmão muitas vezes abordava um ou outro tipo de desintegração mental. De suas primeiras ficções, minha favorita, escrita quando ele tinha catorze ou quinze anos, chamava-se *Loping Dogs and the Tiles of Time* [Cães galopantes e os azulejos do tempo]. Se bem me lembro, no episódio central um médico doente medita sobre sua vida enquanto olha fixamente o desenho composto pelos azulejos do chão de seu banheiro (como eu fazia quando passava mal do estômago).

Em muitas, senão na maioria, das peças da época já da maturidade de meu irmão, o tema da doença é recorrente, com males mentais, físicos e sociais aparentemente fundidos num só. Em *The Family Play*, há uma menina retardada ou autista; em *Aunt Dan and Lemon*, uma criança problemática recusa-se a comer; em *The Fever* e em *The Designated Mourner* [O pranteador apontado], há personagens centrais que sofrem de um colapso psíquico e físico em ambientes quase apocalípticos; em *The Hospital Play*, todo mundo está doente, e o hospital parece ser, muito simplesmente, a própria vida.

Em família, a abstração da música geralmente me protegia das críticas por lapsos de gosto ou por divergir da subestimada razoabilidade que caracterizava grande parte do trabalho que nosso pai mais valorizava. E na época em que eu mesmo comecei a frequentar a Putney, com quinze anos, minha música melhorava a olhos vistos. Eu conseguira ampliar minhas ideias, e havia movimentos inteiros sem passagens problemáticas ou sem o que o sr. Dushkin chamava de "trechos crus". Aparentemente eu tinha um instinto para melodia, harmonia, contraponto e estrutura, pelo menos no modo como eu os usava em minha linguagem. A forma era algo que eu conseguia quase sentir fisicamente, como se ela fosse feita de pedra e não de notas flutuando no ar. Desde os meus doze ou treze anos, uma forma musical surgia na minha mente do mesmo jeito que um filé aparece no balãozinho de pensamento acima da cabeça de um cão numa história em quadrinhos. Eu sentia um anseio por criar uma música que preenchesse uma forma específica. Melodias me vinham com facilidade quando eu me sentava para compor, como se tivessem estado lá o tempo todo, mas houvessem sido abafadas pelo burburinho da vida. Meus dois professores de piano me incentivavam a improvisar. Quando eu tinha treze anos, a sra. Harris, uma professora maravilhosa que trabalhava comigo no verão, gravou numa fita cassete meu canto e a apresentação da minha versão da ópera *A arca de Noé*. Eu não tinha muita consciência da minha performance nem de questões sobre estilo musical. *A arca de Noé* foi em parte improvisada, em parte composta. Ela entrava e saía do tom, explorando temas tonais para os personagens humanos e animais, e atonais para a inundação e para Deus. Vejo agora que mesmo essa história poderia ser associada a Mary, já que gira em torno de pares de animais resgatados do esquecimento.

Durante meu terceiro verão em Kinhaven, tive minhas primeiras aulas informais de composição com um regente, Eckhart

Richter, que havia estudado composição com Paul Hindemith. Ele me explicou alguns elementos da linguagem musical do meu novo trabalho de orquestra, tal como "quarta cordas", para os quais eu ainda não tinha nomes; orientou-me a fazer ajustes em alguns trechos mais problemáticos e sugeriu algumas sutilezas da técnica de compor que ajudaram a harmonizar o trabalho, tal como o uso de um trompete silenciado tocando o tema da primeira seção da composição até a passagem que eu havia escrito para ser o final da obra. Foram boas aulas que me ensinaram abordagens inestimáveis para refinar, fortalecer e aprofundar meu trabalho, e que me deram uma noção do significado da palavra "artesão", de como melhorar de modo consciente o que havia, de início, vindo naturalmente e sem esforço. Para mim, compor era uma maneira de falar, e aquela composição (chamava-se *Fantasy for Orchestra*) em especial parecia falar por mim com uma espécie de urgência. Como de costume, sucumbi a uma espécie de gripe antes da apresentação e regi como se tentasse vencer um demônio. Mais tarde, na primavera, fui a Montpellier, em Vermont, reger a obra com a Filarmônica de Vermont, ocasião em que a experiência correu de modo bem mais natural. Meu irmão pegou o ônibus de Cambridge, em Massachusetts, para tocar violino na orquestra, e ficamos juntos na casa de uma família da região. Não pela primeira nem pela última vez, percebi que as jovens que eu encontrava em cenários de família suscitavam em mim certa melancolia. Eu sentia uma paixonite, ainda que passageira, pela filha da família.

Quando eu tinha dezessete anos, meus pais me levaram a Princeton, para a casa do compositor Vincent Persichetti, que lecionava em Princeton e na Juilliard. Enquanto meus pais conversavam lá embaixo com a graciosa e atraente mulher de Persichetti, uma pianista de concertos que estava aprendendo a mais recente das inúmeras sonatas para piano que o marido havia escrito para ela, Persichetti e eu subimos a escada para o seu estúdio de trabalho com jeito de sótão, onde toquei para ele algumas composições minhas para piano. Foi uma das primeiras experiências em que obtive uma resposta verdadeiramente profissional ao meu trabalho. Ainda me lembro de como ele correu para o piano e mergulhou em sua própria improvisação baseada nas minhas ideias. "Por que acompanhamentos tão rígidos?", ele perguntou, apontando o número de vezes que eu havia escrito acordes oitavados para a mão esquerda, enquanto a direita tocava a melodia. "Você poderia fazer isso!", ele dizia, mandando torrentes de figurações selvagens teclado acima e abaixo. "Ou isto!" Sua imaginação parecia surpreendentemente fértil e acessível a ele. Falava sobre como eu poderia abrir a forma das composições e ser mais abrangente, partindo para um território atonal, sem perder as estruturas essencialmente tonais do que eu havia composto. Quando desci, sentindo-me quase tonto de excitação e com uma sensação de expansão das possibilidades musicais, vi como meu pai estava encantado com a mulher de Persichetti e com o estilo de vida artístico dele. Minha mãe sorria beatificamente com seu batom vermelho brilhante; estava orgulhosa de mim.

Ir para Putney cabia muito bem à minha natureza e significava que por alguns anos eu seria um habitante em tempo integral de Vermont, para onde eu acabaria me mudando vinte anos depois e onde ainda moro. Como Kinhaven, Putney incentivava a expressão individual, mas, tão importante quanto isso, oferecia aos alunos uma noção do que as pessoas podem realizar juntas se colaborarem: fazer performances, construir coisas, trabalhar no celeiro, debater ideias, comemorar, viajar por horas cantando músicas na boleia de um caminhão, fazer trilhas em florestas fechadas e pegar no sono em volta de uma fogueira distante de qualquer cidade ou estrada. A visão prevalecente da música também era comunal. Muitas atividades da escola me afetaram tanto de maneira positiva como negativa. A doença que me acometia antes de eu reger em Kinhaven era reproduzida em proporções mínimas ao longo da semana, em coros, na orquestra, em aulas, em reuniões de grupo, em ônibus, em carros. Porém, eu também me divertia. Era algo terrivelmente confuso: com frequência eu sentia que estava morrendo quando ficava muito emocionado ou alegre. Eu ainda não era um verdadeiro "agorafóbico" (apenas crianças que não são controladas têm a liberdade de estruturar sua vida em torno de seus medos) e não havia falado das minhas ansiedades e da minha claustrofobia para ninguém. Na verdade eu não sabia que estava sofrendo de algo que podia de alguma forma ser comunicado.

Na época em que Mary estava entrando na adolescência, a caninamente devotada srta. Anderson, fundadora de Sandpiper, casou-se com um professor mais velho chamado Archibald. Meus pais, que gostavam que as pessoas permanecessem em posições fixas e que às vezes pareciam acreditar que alguns de seus conhecidos estavam acima de qualquer necessidade humana, ficaram muito surpresos, quase como se a srta. Anderson fosse a madre superiora de um convento que tivesse fugido com o jardineiro. "Archie" adorava conviver com os alunos da escola e durante alguns anos contribuiu com sua bem-vinda presença masculina para a vida comunitária da instituição. Mas, durante uma de minhas férias em Putney, minha mãe me confidenciou que estava preocupada se a sra. Archibald (como ela era chamada agora) decidiria continuar dirigindo Sandpiper e cuidando de Mary. Ela agora era uma jovem fisicamente forte e começara a se mostrar mais tempestuosa. Às vezes desafiava qualquer controle adulto, fugindo de maneira abrupta quando não queria obedecer a uma instrução, chegando até mesmo a sair correndo para a praia tarde da noite. Lembro de minha mãe dizer que chegaria a um ponto em que a sra. Archibald não iria mais conseguir "controlar" Mary.

Examinando agora as fotos borradas que tenho de nossa família em Sandpiper, vejo, para minha surpresa, como a sra. Archibald era magrinha.

Apenas recentemente descobri que por vários anos a sra. Archibald tentou convencer meus pais de que Mary havia se desenvolvido para além do cenário de Sandpiper, que na verdade nunca fora pensado como um lar para adolescentes já maduros. Além da indicação de que o estado de Mary pudesse estar se deteriorando, já que ela se mostrava cada vez mais agitada e instável, a saúde da própria sra. Archibald andava em declínio. Em 1964, sem eu saber, meus pais visitaram uma instituição em Delaware — chamei-a de Briarcliff — que lhes havia sido recomendada por, entre outros, Herta Wertheim. A dra. Wertheim sempre tivera a esperança de um dia Mary estar apta para retomar uma vida mais normal. Há tato, amargura e um toque da Viena antiga na carta que ela escreveu à minha mãe em junho de 1964, de Ohio:

> A senhora não calcula como fiquei feliz com seu telefonema. Isso não acontece todos os dias — estamos um pouco fora de compasso. Sinto muito que minhas fantasias otimistas sobre Mary não se mostraram muito realistas: eu havia pensado nela indo de bicicleta à escola pública — acho que os relatórios igualmente otimistas de Irene de alguns anos atrás foram uma grata base para sonhos de realização. Eu adoraria ver uma fotografia da sua quase crescida filha.

7. Deslocamentos

Em 1966, ano em que Mary e eu fizemos dezoito, nós dois iniciamos uma nova fase em nossa vida. No outono entrei na Universidade Harvard. Ao mesmo tempo, a sra. Archibald, com a saúde em declínio, estava fechando Sandpiper. Mary era um dos únicos três alunos que ainda se encontravam lá. Em 1º de setembro (48º aniversário de casamento de nossos pais), ela foi levada para a casa em Delaware onde vive até hoje. Não poderia deixar de ser um momento excruciante para meus pais. A admissão na nova clínica, Briarcliff, não estava garantida e tampouco a adaptação de Mary a um novo ambiente. Ela costumava ficar apreensiva ao menor sinal de alteração de rotina e perturbada pelo mínimo desvio de suas expectativas. Mary havia morado em um lar próximo ao oceano com uma dúzia de jovens desde os oito anos; não era claro como ela iria reagir a um campus amplo que abrigava em um cenário urbano cerca de mil pessoas de todas as idades e tipos de deficiência mental.

No início de agosto, relatórios descrevendo a saúde de Mary, seu temperamento, seus hábitos, problemas sociais e os níveis educacionais que ela atingira haviam sido enviados à clínica, e ela foi provisoriamente aceita. Em uma carta dirigida a meus pais em meados de agosto, Briarcliff apresentava os planos para a visita de Mary e para uma entrevista em 31 de agosto (por coincidência aniversário de meu pai). Se tudo corresse bem, ela seria admitida no dia seguinte. Mas também havia a possibilidade de que, caso fosse considerada muito perturbada, precisasse ser enviada, ao menos temporariamente, a um hospital psiquiátrico próximo, para tratamento e avaliação.

O tempo se esgotara em Sandpiper. Embora soubesse que Mary estava muito chateada com a perspectiva de deixar a escola, a sra. Archibald já havia estabelecido o dia oficial de fechamento. Haviam se passado três anos desde a primeira vez que ela dissera a meus pais ser hora de levar Mary para um novo lar.

Meu irmão e eu acompanhamos nossos pais a Briarcliff, onde fomos recebidos pela sra. Archibald e por Mary. Hoje sei que nossos pais estavam até mesmo mais ansiosos do que o normal na viagem de ida, mas duvido que eu tivesse consciência disso na época. Descobri, anos depois, que nosso pai teve um problema estomacal e precisou passar bastante tempo em vários banheiros de beira de estrada. Meu irmão, parecendo muito magro, regressara recentemente de seu ano Fulbright na Índia.

Em 31 de agosto, além de entrevistar Mary, os médicos de Briarcliff efetuaram os seguintes testes: Escala de Inteligência Adulta Wechsler; Wide Range Achievement Test; Teste Beery-Buktenica de Integração Visual-Motora; Escala de Maturidade Social Vineland; teste de completar sentenças; teste de desenho projetivo. Os resultados mostraram que ela era capaz de ler e escrever em um nível próximo do da terceira série e de realizar as quatro operações aritméticas básicas em um nível de início de quinta série. Consideraram que seus pontos fortes eram "rememoração auditiva imediata" e "raciocínio espacial", e listaram suas fraquezas cognitivas, entre outras, "processamento central-auditivo, compreensão de causa e efeito, desenvolvimento de linguagem e raciocínio abstrato".

Nas anotações que encontrei mais tarde na escrivaninha de minha mãe, li a descrição de outros testes similares. Mary é descrita entrando na sala de testes "cheia de apreensão" e fazendo inúmeras perguntas na tentativa de se orientar, como "Quem são vocês?" e frequentemente "Agora já acabamos?". "Ela é uma jovem que vê a si mesma como sendo mais jovem do que na verdade é", escreve o examinador. "Ela se aproxima 40% do normal; tem problemas visuais-motores que a deixam em um nível de habilidades visuais entre 4 e 5. Além disso, conviveu com crianças mais novas e absorveu essa atmosfera e essa noção de si mesma." Ele a descreve como prestes a gritar em vários momentos da entrevista, embora, como um sinal "positivo" de que ela era capaz de controlar e liberar sua ansiedade, também tenha sido capaz de transformar esses gritos em bocejos. Em resumo, ele escreve que, embora não estivesse "feliz com a avaliação", Mary "fez sua parte".

Depois que Mary foi entrevistada, a equipe médica se reuniu com a sra. Archibald e em seguida com meus pais. A equipe insistiu que meus pais ficassem lá durante alguns dias, enquanto Mary se instalava, mas eles se recusaram, bem como à sugestão de "aconselhamento parental". Os entrevistadores consideraram meus pais pessoas extremamente ansiosas. Posso muito bem imaginar a atmosfera de mistério em volta deles. Minha mãe com toda certeza estava escondendo a verdadeira dimensão das fobias de viagem de meu pai — passar alguns dias em Delaware teria sido pura tortura para ele — e preservando sua própria privacidade e o porquê de ela precisar se manter próxima dele em todos os momentos. Por trás de tudo isso, havia a necessidade dela de parecer tão mentalmente saudável quanto possível e de transmitir certa noção do quanto nossa família era especial. As anotações citam-na dizendo aos entrevistadores: "Somos uma família muito atraente, brilhante e incomum". Terminada a entrevista, meus pais concordaram em assinar um formulário de liberação, que autorizava Briarcliff a enviar Mary ao hospital psiquiátrico caso algum dia isso se tornasse necessário.

Hoje tenho comigo algumas anotações das reuniões feitas naquele dia. A sra. Archibald disse aos médicos e à equipe de Briarcliff que Mary fora mantida por mais três anos em Sandpiper por pressão dos pais, mesmo depois de sua permanência lá ter sido julgada inapropriada. Ainda assim, ela tinha uma relação muito próxima com Mary. Disse que Mary precisava de estrutura e de que as coisas lhe fossem claramente explicadas. Sua aritmética era de um nível de terceira ou quarta série. Ela gostava em especial de subtração, mas não sabia ler as horas. A leitura situava-se em um nível de segunda para terceira série. Gostava de fazer tricô, de atividades de ligar pontinhos, de nadar, tocar piano e de assistir televisão. A sra. Archibald achou Briarcliff uma boa opção para Mary, embora a unidade em que ela ficaria, uma entre dezenas no campus, era, só ela, bem maior do que toda Sandpiper. A mãe de Mary, porém, mostrava-se ansiosa para que a mudança se realizasse.

Esse deve ter sido um momento doloroso e difícil não apenas para meus pais como também para a sra. Archibald. Quando Sandpiper deixou de ser uma colônia de férias para se transformar em uma escola, Mary e Josie, e talvez mais um ou dois pacientes, continuaram lá. Mary morara com Irene (Anderson) Archibald por um período de tempo igual àquele em que vivera em Nova York.

Em 1º de setembro, mesmo dia em que Sandpiper, em Chatham, Massachusetts, fechou oficialmente suas portas, Mary foi admitida em Briarcliff.

Nossas primeiras visitas a Briarcliff depois que Mary passou a viver lá revelaram todo um mundo de estranhamento que eu não sabia existir. A primeira surpresa foi o tamanho do lugar. Depois havia os residentes. Vimos filas de adultos obedientes de todas as idades movendo-se vagarosamente em grupos, arrastando os pés como crianças cansadas no jardim de infância: pessoas altas, magras, de cabeça minúscula (microcefálicas); adultos de compleição pesada, de cabeça grande e olhos caídos, pés se arrastando; homens e mulheres maduros com um caminhar estranho, às vezes se desequilibrando ao andar, como focas apoiadas em suas nadadeiras posteriores e com as nadadeiras da frente erguidas no alto. Crianças costumam ser obcecadas pela normalidade, tentando determinar se aquilo que é verdade para elas é verdade para os outros, reassegurando-se disso através de comparações com aqueles que não se encaixam muito bem nas normas. Aqui havia um mundo de pessoas que aparentemente não se enquadravam, nenhuma conseguia viver de forma independente, a maioria, diferentemente de Mary, marcada, isto era visível, por sua estranheza. Se viver com Mary havia me ensinado bem cedo que a forma humana é uma generalização grosseira, cheia de variáveis, defeitos em potencial e pedaços avariados — uma lição que todo mundo um dia acaba aprendendo —, a visão dos residentes de Briarcliff produziu uma espécie de vertigem em um jovem impressionável, fazendo-o questionar a ordem das coisas e demonstrando que não existe garantia para nada nesta vida. Pelo menos durante algum tempo, as crianças costumam acreditar em uma rigidez de categorias — que velho é velho, jovem é jovem, que a beleza é permanente, que uma mente é uma mente.

Recebi uma lição sobre a fragilidade humana. Como irmão gêmeo de Mary, ignorante que eu era da causa de sua deficiência e com nossa gemelidade sendo quase um tabu, muitas vezes me peguei pensando se era só uma questão de tempo até que a cola mágica que prendia meu cérebro no lugar perdesse suas propriedades adesivas e eu me juntasse às fileiras confusas de internos de Briarcliff.

Quaisquer que fossem as ansiedades que Mary tenha sentido em sua adaptação a Briarcliff, elas não eram visíveis quando a vimos lá, e ela tampouco mostrou a menor surpresa com seus novos companheiros. Briarcliff parecia, sob quase todos os aspectos, uma escolha feliz. O campus dividia-se em pequenas unidades interligadas por caminhos ladeados por árvores. Em um aspecto a experiência de Mary em Sandpiper quase se repetia: sua unidade, uma construção agradável de um andar com um gazebo e uma mesa de piquenique no lado de fora, servia de lar para cerca de uma dúzia de colegas, supervisionadas por uma administradora que morava no local e por equipes de auxiliares que se revezavam. As residentes eram todas do sexo feminino e, no quesito idade, iam dos dezoito aos oitenta anos. O campus era salpicado de construções assim, algumas abrigando mulheres, outras homens. Uma área do campus era utilizada como colégio para crianças em idade escolar com transtornos de aprendizado. Durante alguns anos, Mary continuou tendo aulas lá, mas seus dias como estudante estavam chegando ao fim. Os homens e as mulheres mais velhos trabalhavam juntos — empacotando coisas, reunindo caixas de mercadorias, fazendo pilhas — e, em ocasiões especiais, participavam de festas e bailes.

Mary era agora uma jovem adulta que trabalhava. Recebia um pequeno salário como empacotadora, que era depositado em uma conta, a partir da qual ela podia fazer compras. (Certo ano ela comprou para si mesma um aparelho de televisão.)

Apesar de não fazer mais aulas de piano, ela continuava tocando, em um piano de armário que havia em sua unidade, as obras que aprendera em Sandpiper, e até mesmo uma peça que se lembrava dos musicais ouvidos em gravações lá em casa, em Nova York. Na igreja, que frequentava regularmente, Mary tocava hinos ou "Always", de Irving Berlin, ou "The Hills Are Alive", de *A noviça rebelde*. Com a repetição, ela havia condensado algumas dessas músicas e executava outras num ritmo estranhamente não marcado. Sentava-se ao piano e começava a tocar quase que num movimento só, olhando para o teclado com seriedade, tendo suas mãos pequenas, gorduchas e carnudas como foco principal. Ao tocar piano, Mary parecia nosso pai quando ele editava seus manuscritos. Anos antes, ela havia aprendido a tocar com a mão esquerda acordes de acompanhamento que, apesar de minimizarem movimentos de mão, também produziam dissonâncias momentâneas, fazendo com que nos perguntássemos como a música moderna soaria para ela.

Durante nossas visitas, ela podia se mostrar temperamental quando se tratava de tocar para nós. Talvez porque estivéssemos tão acostumados a ver nosso pai feliz ao piano, ao efeito relaxante que o instrumento tinha sobre ele, uma visita jamais parecia completa se Mary não tocasse. Ela sentia claramente essa pressão, mas também havia um nervosismo pouco familiar em sua ambivalência pianística, como se nossa solicitação provocasse alguma nova resistência que não existia em Sandpiper. No mínimo, como eu, era evidente que ela preferia tocar para estranhos a tocar para sua família. Se, apesar disso, concordava em tocar, todos nós ficávamos deleitados. Então meu pai às vezes também tocava uma música e eu talvez acompanhasse Mary em "Heart and Soul" ou em outra peça que nós dois conhecíamos. Durante essas *jam sessions*, os demais residentes ficavam notavelmente felizes, e Mary vez por outra não conseguia suprimir um sorriso e uma risada especial, que fazia seus olhos se estreitarem, alegres.

Havia muitos novos elementos na vida de Mary em Briarcliff. Um deles era a medicação. Até essa altura da sua vida, sua mente fora deixada ao sabor de seus próprios artifícios. Sua química interna não sofrera intervenção, a não ser por remédios rotineiros, tomados para combater indisposições e doenças infantis. Agora ela parecia apresentar algumas novas tendências como resultado de fosse o que fosse que estivesse tomando. (Anos depois, eu soube que um medicamento que ela tomava na época era o antipsicótico Thorazine.) Ela parecia até que feliz, mas também mais quieta. Às vezes tinha um olhar de alguém subjugada, submissa, quase furtivo por baixo de suas pálpebras pesadas. As mãos haviam adquirido um leve tremor e os dedos pareciam permanentemente curvados para dentro. Seu caminhar parecia mais truncado. As estocadas e a inflexão mecânica de sua fala pareciam acentuadas. Além do simples envelhecer, ela mostrava novos sinais físicos de sua excepcionalidade. Seria a medicação? Ou eu estava percebendo esses sinais porque a via com menos frequência?

Briarcliff foi fundada em 1913 por uma mulher idealista que tinha o interesse específico de lecionar para crianças com retardo mental. Concebida para ser uma alternativa humana às difíceis condições dos hospitais para com os emocionalmente perturbados e doentes mentais, seu objetivo era obter de forma sistemática e com paciência o que poucas famílias conseguiam: ensinar algumas habilidades sociais e pessoais àqueles que jamais poderiam funcionar de modo independente no mundo adulto. Sua filosofia era treinar pacientemente aqueles cujas deficiências mentais e Q.I baixo os excluíam da sociedade normal para pelo menos atuarem com mais êxito em situações sociais, e ajudá-los a aprender a se comportar de forma dócil em lugares públicos — restaurantes, lojas, cinemas — e a lidar com tarefas simples no âmbito público. Nos primeiros tempos da instituição, havia até mesmo bailes a rigor em que homens e mulheres se reuniam, os homens de terno, as mulheres de vestidos e luvas brancas, e aprendiam a fazer mesuras e dançar valsa. Com pouca ou nenhuma ideia do que seus talentos ocultos poderiam lhes possibilitar, o objetivo era pelo menos ajudá-los a expandir os horizontes e a participar de algumas atividades "normais". Era um lugar de elite; a missão era nobre e, para a época, progressista, bem distante do mundo de sordidez, abuso e horror que por vezes aguardava os que eram colocados em instituições mentais públicas.

Entre seus dezoito e 25 anos, Mary de fato se tornou cada vez mais apta a cuidar de si mesma e expressar suas necessidades — vestir-se e fazer-se apresentável, esperar sua vez, solicitar coisas educadamente. Como sempre, rotinas lhe caíam bem: ela aprendeu a sorrir e a dizer "xis" ao posar para uma fotografia; a guardar pratos com cuidado na sala de jantar; a fazer suas tarefas com assiduidade no centro de trabalho. Ao mesmo tempo, sem dúvida por várias razões, estava longe de "passar por normal". Ela perdeu o olhar delicado e sereno de antes e seus movimentos se tornaram mais espasmódicos e estranhos. De certo modo — embora nossa mãe quisesse nos mostrar como um exemplo de família unida e mentalmente saudável (havia ocasiões em que, de maneira estranha, ela nos comparava com, pasmem, a família Kennedy) —, ninguém na nossa família jamais poderia passar por "normal". Curiosa e maravilhosamente, à medida que Mary crescia mais ainda ela se parecia com meu irmão e meu pai. Ela transmitia uma espécie de seriedade concentrada e se comportava com um quê da imponência, da dignidade e da autoridade deles.

Como sempre, os vários timbres de sua voz permaneciam contidos, como a dinâmica de uma música barroca, com pouca modulação ou ascensão e queda de um nível para o outro. Ela pode murmurar um pensamento inteiro para si mesma como se fosse uma palavra "maryshawnvaitomarleitecombiscoitos"); pode enunciar cada sílaba com um sorriso largo, dentes à mostra, como se numa aula de elocução ("Leite e BIS-COI-TOS"); pode lançar as palavras com o som de um lamento choroso se está preocupada ("Mary Shawn não vai sair hoje"), soando como uma pessoa diferente a cada vez. O que é raro é a percepção de uma verdadeira troca verbal. Há emoção em seus olhos e em suas expressões faciais, mas tal emoção raras vezes se manifesta por meio da escolha de palavras. Mary tem uma linguagem inteira à disposição, mas as palavras são apenas uma pequena parte disso.

Sandpiper tinha um ar quase mágico, de contos de fadas, e além disso era sobretudo uma escola, um lugar onde uma atmosfera de esperança estava implícita na rotina de ensino e evidente no progresso feito pelas crianças. Parecia um lugar onde pessoas incomuns eram bem-vindas. Briarcliff havia sido fundada com um espírito parecido, mas nos últimos tempos adquirira um caráter mais abertamente de detenção. É provável que fosse o lugar mais confortável para deficientes mentais adultos que existia no país naquela época, embora não houvesse como negar que se tratava de uma instituição para doentes mentais. As expectativas sobre Mary haviam regredido de esperanças de ótimas realizações para esperanças de uma vida organizada e administrável. Uma vez que seu peso era considerado um problema, o controle de sua dieta ganhou prioridade. Ela deveria continuar aprendendo a cuidar de si mesma de forma adequada tão independentemente quanto possível — escovar os dentes, tomar banho, se vestir; dominar o aprendizado de como se comportar em grupos nos passeios a restaurantes e cinemas ou, no verão, à praia. Em resumo, a socialização iniciada em Sandpiper, onde ela aprendera a dizer "Sim, por favor" quando lhe ofereciam mais um pouco de sorvete, em vez de apenas "Sim!", prosseguiu, mas não o desenvolvimento de suas habilidades intelectuais — sua leitura, escrita, aritmética, desenho, habilidade ao piano —, que não beneficiavam ninguém a não ser a ela própria, mas cujos limites não haviam sido necessariamente alcançados.

Meus pais continuavam recebendo cartas e cartões de Mary, como quando ela vivia em Sandpiper, mas eles costumavam vir escritos em uma caligrafia madura que não era a de Mary e que, por mais correta que fosse, não refletia sua gramática nem sua sintaxe; havia palavras que ela não usaria e que não transmitiam sua personalidade. Em resumo, eram escritos por um ghost-writer. Já os bilhetes de meu pai para nossa mãe empregavam expressões que apenas Mary teria usado. Por exemplo, ele podia escrever "Eu te amo, mami" porque Mary havia aprendido a dizer ou a repetir a frase "Eu te amo", embora ela raramente usasse o pronome pessoal "eu" em uma frase. Em um cartão de Briarcliff, lê-se:

Queridos mamãe e papai,
Obrigada pelos adoráveis presentes de Natal. Eu tive um feriado muito bom. Fiz visitas com algumas pessoas e a srta. Sharon me levou à sua casa para o Natal, e abri alguns presentes lá. Aqui vai uma fotografia minha vestida para o Halloween. Eu fui como Papai Noeu. A fantasia que vocês mandaram era linda. Eu a usei quando saímos para pedir doces ou travessuras. Gostaram da minha foto de Natal? Se cuidem.

No pé da carta, o nome de Mary estava escrito em letras garrafais — e não mais na caligrafia cursiva que ela cuidadosamente praticara em Sandpiper —, com o Y inclinado para a direita, parecendo um "t". Talvez fosse a caligrafia atual dela. De resto, mesmo deixando de lado o fato de sermos judeus, nada em cartas como essa parecia evocar Mary, apesar de transmitirem informações precisas sobre sua vida e mostrarem quanto cuidado e atenção ela estava recebendo. Ela nunca chamara seus pais de "mamãe e papai", e sem dúvida jamais diria "Cuidem-se". Ela apenas teria dito que a fantasia que eles mandaram era "bonita" como resposta à pergunta "A fantasia não é bonita?", e então provavelmente teria respondido como numa palavra só: "Afantasianãoébonita?". Além da conjugação verbal e dos pronomes aplicados de maneira correta, a nota mais dissonante da realidade da personalidade de Mary era o domínio confiante da distinção entre "você" e "eu" que havia na carta — "suas" percepções, seu mundo e "meu" mundo, a capacidade de imaginar a visão que outra pessoa poderia ter dela. ("Aqui vai uma fotografia…" "Gostaram da minha foto de Natal?") E, considerada sua obsessão por feriados, ela com certeza também teria escrito "Papai Noel" corretamente.

De fato Mary continuava amadurecendo e se desenvolvendo à medida que envelhecia, mas apenas dentro dos limites estabelecidos para ela em Briarcliff. Somada à culpa que meu irmão e eu carregamos por causa de seu destino, havia a culpa adicional pelo mistério de seu potencial inexplorado. E se ela tivesse podido ficar para sempre em Sandpiper? Teria continuado progredindo como havia acontecido em seus anos lá? Teria permanecido, ou pelo menos parecido, mais serena e jovial? Ou será que sua trajetória já estava traçada, e algum crescimento intelectual significativo só poderia mesmo ter ocorrido no período de seus oito a dezoito anos?

Quando criança, às vezes me parecia que Mary detinha uma grande sabedoria que, por causa de alguma lei não escrita, ela não podia divulgar. Era reconfortante imaginar que ela pertencia a um mundo contemplativo, que ela era como um monge no topo de uma montanha do Tibete ou um vidente indiano que havia feito um voto de silêncio, vivendo nas ruas de Calcutá, observando rituais em prol da humanidade. Em Harvard, quando eu pensava em Mary, era como se ela tivesse se tornado uma figura mitológica.

Sempre fui tão desencorajado a buscar saber mais sobre a vida dela que raramente me lembrava que desejava saber mais. Às vezes eu tentava imaginar a experiência dela: ter dores ou tormentos para os quais eu não tinha palavras e para os quais, mesmo que eu pudesse falar corretamente, não *existia* uma linguagem; ou tentava imaginar como ela via seus pais, ou seus irmãos, ou seu corpo em transformação à medida que os anos passavam. Eu tinha uma vaga consciência de que, embora ela não entendesse os "meus" tipos de categorias, o contrário também era verdade. Ela possuía regras e categorias, e sem dúvida emoções, que eu não compartilhava.

Ao pensar nela, eu poderia muito bem me perguntar o que um pássaro sente quando canta ou quando voa de um lugar a outro e toma a decisão de pousar aqui e não ali. Como e quando ele registra sua experiência de não cantar, depois de cantar, de voar e em seguida de pousar? Quais são suas sensações físicas: quais são seus "pensamentos"? Como alguém pode entrar na cabeça do pássaro ou imaginar suas sensações, ou como é prestar atenção naquilo a que um pássaro presta especificamente atenção, e ignorar o que ele ignora? Mas, sobretudo, achei exaustivo do ponto de vista mental ficar me perguntando sobre Mary, que afinal de contas não era um pássaro, e sim completamente humana. Antes de mais nada, eu tentava não pensar nela.

O ditado "A juventude é desperdiçada com os jovens" decerto tem um quê de verdade. Mas também seria justificado dizer que apenas os jovens são fortes o suficiente para sobreviver à juventude. Quando penso nas incertezas e nos choques com os quais sempre me deparei na infância, que foi, sob todos os aspectos, uma infância bastante feliz, até mesmo hoje estremeço. E quando penso em como a vida deve ter sido atordoante para Mary quando ela era criança, e nas muitas camadas de terror que ela deve ter experimentado quando passava de um estágio de crescimento a outro, fico pasmo e tentando imaginar como ela suportou.

Entre as provações de uma juventude até mesmo normal, está jamais saber se o que está acontecendo conosco, por dentro ou por fora, é permanente ou apenas uma experiência transitória. Se você leva um fora de uma garota, ou se vai mal numa prova, ou se está com os nervos em frangalhos, ou se fica doente, você ainda não sabe se está condenado a uma vida de solidão, fracasso intelectual, ansiedade crônica ou doença. Você se revelou um imbecil, afinal? Será que as garotas algum dia vão gostar de você? Você está morrendo? Você tem os nervos fracos ou fica assim apenas em algumas circunstâncias?

Se em Putney, a escola-fazenda com ares de claustro, eu fora sociável e relativamente autoconfiante, na atmosfera competitiva, impessoal e cosmopolita de Harvard eu me fechei, passando tempo demais sozinho em meu quarto fantasiando com mulheres e música e pensando em questões da vida. Jamais teria me ocorrido usar uma palavra como "depressão" para descrever minha introversão e nunca cheguei a relacionar meus sentimentos de solidão com o fato de eu ser um gêmeo ou alguém com "sentimentos não resolvidos" da infância. Percebi apenas que minha ansiedade quando estava em grupo e quando andava de elevador havia aumentado. Eu também me sentia cada vez mais religioso. Apesar de não frequentar mais a missa católica, eu gostava particularmente de arte medieval e renascentista e tinha uma reprodução da *Anunciação* de Fra Angelico e uma imagem da crucificação na parede, junto a uma cena urbana de Van Gogh e um retrato romântico de uma camponesa voluptuosa com a blusa caindo, pintada pelo pintor francês Jean-Baptiste Greuze. (Em Oxford, meu irmão tinha a mesma *Anunciação* na parede. Nenhum de nós dois associou a "Maria" de Fra Angelico com nossa irmã.)

No inverno do meu ano de calouro, minha adorada professora de piano, a srta. Dillon, morreu. Ela havia passado o ano em Viena, enviando-me cartões-postais das casas de Beethoven, Mozart e Schubert, e havia me escrito uma longa carta na qual dizia para eu "sempre compor com o coração". Seu marido, Charles, me escreveu dizendo que o coração dela andava doente havia já alguns meses e que ela tinha morrido na véspera de Ano-Novo, depois de erguer uma taça de champanhe para brindar com ele e o filho deles.

Durante meus dois primeiros anos na universidade, a qualidade de meus estudos foi absurdamente irregular. Eu me saí bem em pintura renascentista e arte japonesa. Recebi um A em filosofia graças a um ensaio sobre a morte no qual argumentei que só podemos imaginar a morte com base no que conhecemos. Em seguida explorei as muitas maneiras com que traímos as ilusões que temos sobre algo que na verdade é puro nada. Em compensação, por pouco não fui reprovado em alemão. Enfeitiçado pela beleza estonteante da jovem professora, com quem eu certa vez tivera uma rápida conversa sobre a fogosa ópera de Alban Berg *Lulu*, acabei dormindo demais e perdendo a última prova. Se isso se deveu a meu desejo inconsciente de falar com ela mais uma vez, esse desejo me foi concedido. Implorei-lhe, mas recebi apenas a nota D+. Entretanto, guardarei para sempre a lembrança vívida do rosto e da voz dela, e uma imagem de suas pernas dentro de meias arrastão.

De forma mais humilhante, fui reprovado em história indiana, para a qual eu na verdade me esforçara bastante. Algumas leituras sobre budismo e hinduísmo haviam me fascinado e inspirado a escrever um ensaio sobre as posições religiosas de Gandhi, porém apoiado nos aspectos históricos e econômicos da disciplina e até mesmo de leituras sobre algumas figuras históricas de relevância religiosa. Uma volumosa biografia do rei Ashoka (século III a.C.) permaneceu aberta na página 6 em minha escrivaninha todo o semestre, com sua capa verde-lagarto, suas páginas de papel-bíblia e letras escuras e minúsculas compondo uma espécie de altar permanente para o meu tédio. Minha tendência para o pânico florescia nas provas, quando a resistência a ser pressionado se combinava de forma explosiva com o estresse por demais real e as limitações temporais de ter minha competência testada. Meu interesse por biologia foi suficiente para me fazer passar por três horas de provação, e me saí de acordo. Mas em história indiana eu estava preparado para escrever apenas sobre Gandhi e religião. Meu mapa da Índia precariamente esboçado era um débil triângulo invertido com sinalizações onde eu esperava que estivessem Bombaim, Calcutá e o Ganges. Meu "diálogo imaginário" entre Maynard Keynes, Nehru e Muhammad Ali Jinnah sobre a separação se perdeu no silêncio depois de uma série de amenidades ("Olá, Maynard." "Como vai, Jawaharlal?"). Fui mal na prova e depois meu ensaio sobre Gandhi me foi devolvido sem ser lido.

De fato aprendi, mas em lugares inesperados: ao examinar uma gota de água no microscópio na aula de biologia e encontrar lá uma atividade febril igual à que poderia ser vista a olho nu em um formigueiro; ao dissecar um rato vivo e ver com meus próprios olhos o emaranhado de artérias, o coração pulsante e os minúsculos órgãos que pareciam de borracha e o animavam; ao olhar pelo telescópio gigante do Observatório de Harvard para além de uma rede de estrelas longínquas, para os anéis de Saturno e a esburacada superfície laranja de Marte. Jamais cheguei a relacionar conscientemente todas essas pequenas epifanias com Mary ou com o mistério de sua humanidade. Eu só sabia que de alguma forma ansiava por compreender e procurar um significado em todas as coisas.

Em termos sociais, me sentia distante dos meus pares. Eu tinha um círculo de companheiros taciturnos e de mentes científicas com os quais jantava e que não poderiam ser mais diferentes dos meus amigos extravagantes e teatrais da escola. Entre eles eu me tornava a figura excêntrica, mas de alguma forma meu coração não estava nisso ou, para ser sincero, não estava com eles. Eu adorava o tempo que passava com meus companheiros mais velhos, amigos próximos do meu irmão, cinco anos mais velhos que eu, com os quais eu ia ao cinema, assistia ao noticiário, cozinhava espaguete, fumava charutos, mantinha conversas interessantes e me sentia confortável e livre. Eu tinha um colega de quarto maravilhoso, Steve, que tocava violino na Orquestra de Harvard-Radcliffe e partilhava da minha paixão pela música. Também me tornei próximo de dois alunos de graduação, uma glamorosa aluna de literatura e um escritor brilhante que era tão fanaticamente obcecado por Nabokov quanto eu por Stravinski. Na inebriante companhia deles, eu às vezes percebia indícios de que eu mesmo tinha um intelecto e de que havia horizontes além de meus horizontes musicais.

Naqueles anos — final dos anos 1960 —, era impossível ser universitário sem deparar com drogas ou ouvir os Beatles ou deixar de se preocupar, ainda que minimamente, com a progressão da Guerra do Vietnã. Apesar do meu restrito gosto musical, ainda assim eu apreciava algum rock daquela época e, apesar da claustrofobia em meio a multidões, eu participava de protestos e vigílias contra a guerra. Nada, porém, me atraía menos que a ideia de "expansão da consciência" prometida pelas drogas, pois eu já me sentia manejando mal e mal a estabilidade da minha mente. Meu equilíbrio mental com frequência vinha sendo abalado por ansiedade e por crises inesperadas de uma nauseante apatia, e havia momentos em que eu temia estar enlouquecendo. Ao ir embora de festas de quartos tão escuros e imersos em fumaça de maconha que era impossível até mesmo dizer quem estava lá — de qualquer forma, ninguém parecia ligar para isso —, me preocupava a possibilidade de, apesar de eu não ter fumado, o elixir mágico da erva ter penetrado em mim e, no meu caso, uma vez lá dentro, nunca mais me abandonar. Caminhando para casa, eu sentia a cabeça leve, imaginava que os postes de luz brilhavam de forma lúgubre e que os prédios dançavam, e me preocupava que minha "consciência" havia se "expandido" permanentemente para além da realidade e que permaneceria desse jeito para sempre.

Nos fins de semana, eu trabalhava como professor voluntário de "apreciação musical" na Prisão Estadual de Bridgewater, onde o famoso Estrangulador de Boston estava encarcerado. Eu levava comigo gravações de Bach ou de Tchaikóvski, ou até mesmo de música moderna, da biblioteca de Harvard, e na prisão recebia uma valise bege parecida com uma mala infantil contendo uma vitrola barata não muito diferente daquela em que, anos antes, Mary tocara árias de ópera em nosso apartamento de Nova York. Para chegar à "sala de aula", eu tinha que passar (voluntariamente!) por uma sucessão de portas de metal trancadas que se abriam e então se fechavam atrás de mim ao som de campainhas, e caminhar, acompanhado por guardas, por um labirinto de corredores de aparência idêntica até um pequeno cômodo com jeito de claustro. Os presos e eu nos sentávamos ao redor de uma mesa e ouvíamos a música da minúscula vitrola; eu falava um pouco sobre a vida dos compositores e talvez acrescentasse uma palavra ou duas de natureza técnica sobre o que estávamos ouvindo. Tratava-se, sobretudo, de oferecer àqueles homens, alguns dos quais eram culpados de atos terríveis e ficariam na prisão para sempre, uma pausa em sua rotina cinzenta. Eles não eram apenas criminosos; era óbvio que padeciam de doenças mentais e pareciam receber, como Mary, medicações pesadas. De tempos em tempos, falavam de si mesmos e, desapaixonada e suavemente, de forma quase saudosa, falavam sobre impulsos, sexuais ou violentos, sobre os quais em outros tempos não tinham nenhum controle. Mas às vezes de fato prestavam atenção na música que saía do pequeno equipamento, e às vezes na sala sem janela, por um curto período, uma janela imaginária se abria para uma apaixonada cantoria comunitária ou para sublimes melodias de balé, cheias de uma paixão extática. Ao ir embora por aquele labirinto, eu sentia meus músculos relaxando à medida que as campainhas soavam e eu era afinal liberado para o ar noturno, cruzando o último recinto, um quintal cercado por paredes de cimento e iluminado por lâmpadas de carbono. Nesse momento, me vinha sempre a consciência de que eu estava *do lado de fora*, uma pessoa milagrosamente livre, e que havia aqueles que continuavam lá dentro.

Dessa e de outras maneiras, sem saber, eu carregava Mary comigo.

Enquanto isso, minha própria música havia se tornado a perfeita ilustração do estado da minha psique: fragmentada e desconexa.

Durante meu primeiro ano em Harvard, eu por fim havia sido jogado em um ambiente no qual ser um jovem compositor não era assim algo tão especial. Até mesmo um dos meus novos amigos tivera uma composição sua tocada por uma grande orquestra quando criança. Eu precisava preencher vários requisitos no programa musical para ser admitido em um seminário de composição, e preencher esses requisitos demoraria dois anos. Quando, apesar de eu não ser oficialmente um estudante de composição, tive uma nova peça minha tocada em um concerto estudantil, percebi que ela fora a contribuição mais antiquada do programa, e sua linguagem me pareceu de repente ingênua até mesmo para mim. Foi a primeira vez que ouvi uma composição minha em um concerto público de verdade. Eu sabia que precisava de aulas formais de composição, e no segundo ano comecei a ir de ônibus todas as semanas para Lexington, em Massachusetts, a fim de estudar com um professor do Conservatório da Nova Inglaterra, Francis Judd Cooke. Em vez de interferir diretamente na minha composição, a abordagem de Cooke era me apresentar o mais possível a grandes músicas. Estudávamos as harmonias de *Édipo Rei* de Stravinski e de *The Rake's Progress*, tentando distinguir como a tonalidade individual e contemporânea delas era atingida usando um material tão familiar. Por que, perguntava Cooke, as tríades "simples" de D maior e D menor tocadas quando Édipo entendia por fim sua culpa soavam tão destruidoramente memoráveis — como se todo o acorde, tal como a narrativa, convergisse para aquele momento? Juntos estudamos *O castelo do Barba Azul*, de Bartók, *Moisés e Arão*, de Schönberg, *Wozzeck*, de Berg. Em Harvard descobri as bibliotecas. Me dei conta de que eu era um "completista". Na Biblioteca Larmont, encontrei todos os contos de Salinger publicados em revistas e jamais reunidos, até mesmo a velha história publicada na *New Yorker* protagonizada por Holden Caulfield antes que *O apanhador no campo de centeio* fosse concebido. Em Hilles, ouvi todas as notas compostas por Stravinski. Na biblioteca musical Paine Hall, logo depois de ouvir a perturbadora *Sonata Concord* pela primeira vez, explorei todas as canções e músicas de câmara e orquestrais de Charles Ives.

Durante esse período, tive três pequenas epifanias musicais, e todas guardaram relação com Mozart. A primeira ocorreu quando, em um restaurante, não consegui me concentrar na conversa por causa da apaixonante música de fundo. A música era Quinteto de Clarinete de Mozart, e me dei conta de que, sempre que Mozart tocava, um sentimento indefinível me invadia e fazia o tempo parecer parar. Percebi com isso algo que ainda hoje mal consigo pôr em palavras: que de alguma maneira mágica as notas e os ritmos da música conseguiam expressar uma essência sobre existir e sobre a passagem do tempo, conseguiam tornar audível um momento do tempo. A outra pequena epifania ocorreu quando eu assistia a *O rapto do serralho*, de Mozart, uma de suas primeiras óperas, com um enredo incrivelmente bobo. No final da noite, percebi que o desenho geral do trabalho aos poucos havia se esboçado na minha cabeça, que os freios entre trechos recitativos e árias e até mesmo entre atos eram apenas espaços entre pontos em uma enorme tela, e que as relações-chave de uma seção a outra eram como pequenos acordes progressivos, só que expandidos. Toda a noite foi como uma só peça musical. O terceiro momento, quase o inverso desse, ocorreu quando eu estava indo para Harvard de trem (eu havia partido de Nova York), estudando a partitura de uma sonata de piano de Mozart. Ao olhar a composição nota por nota, me dei conta, enquanto o trem jogava a música de lá para cá no meu colo, que a linguagem gerada pela progressão de um intervalo para o seguinte representava a compressão de pensamento até uma densidade inacreditável; que apenas olhando para a música muito, muito lentamente — muito mais lentamente do que ela costuma ser tocada — alguém pode entender o universo contido nela. Essas experiências, e outras como essas, aos poucos erradicaram de mim a sensação que eu tinha quando criança de que a música havia se tornado mais complexa em períodos recentes e que a música mais antiga era menos relevante para o mundo presente ou para aquele para o qual eu mesmo esperava um dia compor.

Com o início das minhas aulas oficiais de música, porém, minha própria música entrou numa espécie de "idade das trevas" pessoal. Foi-se minha alegria espontânea ao compor, minha identificação com as notas que eu escrevia, aquele fluxo de ideias que, por mais defeituoso ou imaturo, ainda expressava uma noção de direção e propósito. Em vez de me perder, e portanto de me encontrar, no processo de inventar música, eu havia me tornado gradual e dolorosamente autoconsciente, fiscalizando todo e qualquer movimento meu contra o julgamento de árbitros imaginários. Eu já não tinha confiança em mim. O que mais parecia importar não era a progressão natural dos meus pensamentos musicais, mas a "adequação" de cada momento individual. Mesmo que alguns detalhes das minhas obras ainda conseguissem ser atraentes do ponto de vista musical, as obras como um todo não eram mais do que colagens inúteis, colchas de retalhos de momentos apontando para referências fora das próprias composições. Se por acaso eu tivesse levado esses trabalhos a um vidente, talvez ele tivesse me dito: "Meu filho, se você perdeu a sua música, é porque colocou um fardo muito grande sobre ela".

Ainda assim eu me beneficiava muitíssimo dos estudos com dois professores de Harvard. Um era o atormentado, brilhante e intuitivamente rapsódico compositor Leon Kirchner. Ele havia sido aluno do grande Arnold Schönberg (sobre quem, trinta anos depois da faculdade, escrevi um livro). Não posso dizer que aprendi com o Kirchner professor de composição tanto quanto aprendi ouvindo sua música com ele, vendo-o reger e, sobretudo, ouvindo-o tocar piano. Como Schönberg, Kirchner nunca se esqueceu de que fazia parte de uma longa e incansavelmente rica tradição. Apesar de seu grande ego e personalidade, mostrava-se humilde diante dos trabalhos de Mozart, Bach ou Brahms que ele regia e tocava. Como minha professora, a srta. Dillon, Kirchner produzia um som belamente arredondado e pesado ao piano, quando nos ilustrava suas ideias, falando com sua inconfundível voz macia, quase aveludada, com sotaque do Brooklyn. Lembro em especial do som que ele produzia ao tocar os terços descendentes do primeiro intermezzo das partes para piano da op. 199 de Brahms. Embora eu fosse um de seus mais jovens e, naquela época, menos confiantes alunos, ele tratava a mim e às minhas composições com gentileza. Felizmente, desde então e ao longo dos anos, pude lhe expressar o quanto seus ensinamentos significaram para mim. Sua influência ia além da música e me falava de uma postura de vida. Em vez de cortejar uma pequena plateia de entusiastas pela música de vanguarda ou então adaptar seus padrões para que servissem às expectativas de plateias tradicionalmente conservadoras, ele perseguia suas próprias e ferozmente independentes visões da beleza. A colorida originalidade e substância dessas visões eram de um tipo sutil, que não transparecia uma aura de inovação. Sua música era quase poética e elegante demais para a época em que foi escrita. E também emocionalmente explosiva e extática; não tinha a característica temperatura fresca da maioria das músicas do pós-guerra. A despeito de seu renome entre os músicos, Kirchner, como Schönberg, não recebeu, na verdade, um justo reconhecimento público. Mas, do ponto de vista artístico, levou uma vida plena. Era um gigante musical, conectado com as profundezas da música.

O outro professor que deixou uma marca indelével em mim foi a pianista Luise Vosgerchian. Luise tinha um temperamento exatamente oposto ao de Kirchner: animada, esplendorosa e afiadamente precisa onde ele era turbulento e instigante. Um dia, na minha fase mais desanimada em Harvard, quando eu fazia aulas de baixo figurado barroco com ela e às vezes tinha uma de minhas peças executadas, ela me puxou para o lado e disse: "Acredito em você". Nunca me esqueci disso. Também foi Luise quem escreveu uma carta à sua antiga professora Nadia Boulanger, em Paris, recomendando que eu fosse aceito como seu aluno, lá, após minha formatura.

Depois que Mary se mudou para Briarcliff, nossas viagens periódicas de família através da ponte George Washington na direção sul para Delaware continuaram por vários anos. As excursões para ver Mary não tinham mais aquela sensação romântica, nostálgica. Como agora íamos e voltávamos no mesmo dia, não havia mais estadas esplendorosas em hotéis chiques nem noites de música para abrandar a intrínseca pungência das visitas. No primeiro ano de Mary em Briarcliff, meu irmão estava em Oxford estudando política, filosofia e economia, e eu fiz algumas viagens só com meus pais. Algumas poucas vezes, levei um amigo. No caminho, como sempre, meu pai trabalhava em seus manuscritos no confortável banco traseiro da limusine. Mas o trajeto pela elevada e muitas vezes abarrotada ponte, e depois pela reta e soturnamente industrial Route 1 em Nova Jersey, lançava um véu cinzento sobre ele. Houve vezes em que recorreu a uma pílula de um pequeno recipiente redondo que carregava no bolso do paletó. Minhas florescentes ansiedades me faziam temer a viagem também. Se ainda havia alívio e emoção na volta, e o sentimento de que a unidade original da família fora reconstituída e que estávamos reconectados com o mistério que era Mary, a sensação de catarse ficava mitigada pela tristeza de que as esperanças reunidas em Sandpiper tinham ficado para trás. Enquanto meu irmão e eu tocávamos nossa vida, Mary permanecia, em alguns aspectos, uma criança. No carro, nossa mãe comentava como Mary lhe parecera melhor dessa vez, e, a menos que eu estivesse com um humor explosivo, todos nós concordávamos com ela.

8. Estrelas binárias

Tudo conspirava para que eu me sentisse afastado de Mary enquanto crescíamos: a distância que era necessário percorrer para chegar a seu novo lar, aumentada pelo temor que meus pais e depois eu mesmo sentíamos de viagens; o círculo de segredos e tabus que criava minas terrestres escondidas no terreno de conversas da nossa família e que havia de alguma forma se expandido a ponto de abranger a maior parte dos aspectos difíceis da nossa vida; e até mesmo as cartas e os cartões de Briarcliff que tentavam preencher a lacuna entre o mundo dela e o nosso ao eliminar as excentricidades dela e substituí-las por um tipo de "normalidade" genérica. Ao longo dos anos, Mary quase se tornou uma ficção, como se sua vida fosse dolorosa demais para ser contemplada. E por trás de tudo isso havia a inerente distância entre a realidade dela e a nossa, a insondável inacessibilidade de sua maneira de vivenciar as coisas.

Ao olhar para o rapaz que eu era em 1970, em vias de ir para a Europa a fim de estudar música com Boulanger, esperando me tornar um compositor e ao mesmo tempo quase não tendo ideia nenhuma do que isso significaria do ponto de vista prático, vejo alguém solitário que não se dava conta disso. Eu era solitário não apenas no sentido em que todos somos, mas como alguém distante do que é real. Eu havia internalizado os esforços de meus pais para abarcar meu entendimento sobre a vida deles e sobre a minha própria, e aos poucos começara a me alienar do impulso criativo que havia em mim e que fora o primeiro a ir em meu socorro quando eu tinha dez anos. Parte disso era apenas autoconsciência e temor, comuns na maioria dos jovens adultos que buscam seu caminho. A outra parte representava uma espécie de distância da realidade e de mim mesmo. Eu quase tivera êxito em esquecer que era um gêmeo, porém a um custo enorme.

Havia um lugar dentro de mim que ainda estava aninhado com Mary, confortavelmente enroscado a ela. Mas esse lugar, essa essência escondida de minha infância, havia se tornado um constrangimento, um constrangimento que eu sentia até mesmo no meu coração. Esse lugar, essa lembrança de ser, em certo sentido, parte de Mary, não se encaixava na vida que eu levava, nem no esforço que estava fazendo para usar minha mente de maneiras que ela não poderia fazê-lo, nem no futuro em direção ao qual eu supostamente estava me movimentando.

E na superfície eu de fato continuava avançando. De início senti pouco medo quando parti para a Europa sozinho a fim de estudar música, e me separei de meus pais. É verdade, a separação era apenas parcial. Eles ainda me sustentavam (como continuaram a fazer nos dois anos seguintes) e nada disseram sobre os custos de me manter em Paris por dois anos, muito menos sobre eu atravessar o Atlântico em um cruzeiro, coisa que eu pedira. (Embora desejando voar, eu já preferi não fazer isso.)

Supõe-se rara a pessoa que, com 21 anos, não sente nenhum tipo de medo do que ainda não conhece, de como sua vida se desenrolará, de que venturas e desventuras recairão sobre sua cabeça. Precisamente por não conhecerem o futuro, os jovens que não se encontram em situações difíceis ainda parecem vê-lo como uma reserva de infinitas possibilidades de alegria, limitado apenas pelas próprias restrições imaginárias deles. O medo é aplacado por um gigantesco apetite físico pela vida, como se o futuro fosse uma laranja perfeita e suculenta cortada ao meio em uma mesa posta no verão ou uma Vênus de Urbino na pintura de Ticiano sorrindo doce e nua, esperando, pronta para ser enlaçada, para ser envolvida, para ser amada. Esse apetite pela vida dominava meus sentidos enquanto eu cruzava o oceano, cercado por água e céu, como se liberto de tudo que me acontecera até então. No deque do navio, olhando para a vastidão do oceano em direção ao pôr do sol, senti uma alegre excitação e uma antecipação criativa. A admirável extensão das águas parecia emblemática das imensidões de liberdade e das possibilidades, e não de vazio nem de solidão.

Eu não percebia que para mim separação e isolamento possuíam um significado muito especial. Todas as questões que tinham a ver com meus pais e meu irmão que nunca haviam sido discutidas na minha infância empalideciam quando comparadas com as dissonâncias não resolvidas da minha relação original com Mary ("original" de "origem"), meu amor por ela e a forma abrupta com que nossas vidas se distanciaram.

No meu caso e de Mary, a gemelidade foi uma história de profunda união seguida por crescentes graus de separação. Todo esforço havia sido feito para me distrair e me distanciar da minha verdadeira relação com Mary, de qualquer significado possível decorrente do fato de termos sido gestados juntos, de termos nascido no mesmo dia, de termos sido recebidos com surpresa como gêmeos, passado nossos primeiros meses deitados um ao lado do outro no mesmo berço, e durante nossos primeiros anos, por mais diferentes que fossem nossas experiências, termos crescido um ao lado do outro, sempre com a mesma idade, avançando por caminhos paralelos. A partir do momento em que meus pais perceberam que havia algo errado com Mary, fomos separados. Primeiro ela ficava logo ali, mais adiante no corredor, mantendo meu irmão acordado à noite com seus gritos. À medida que ela foi se convertendo cada vez mais no centro das preocupações da família — uma fonte de preocupação, ansiedade e esgotamento —, nossa união original se tornou mais e mais dolorosa de ser mencionada. Então Mary ficou ausente de todo, reduzida a um tipo de imagem difusamente nostálgica, a um ser estático em essência, mítico: sempre "melhorando", mas sempre permanecendo o mesmo e sem nunca na verdade chegar a lugar nenhum, como o pobre Serragem, correndo para sempre na rodinha de sua gaiola.

Porém, antes de sermos separados eu sempre senti que entendia Mary. Seu humor imprevisível me era profundamente familiar — mais que familiar, constituía meu mundo pelo menos tanto quanto o tranquilizador abraço de minha mãe — e, como quaisquer gêmeos, desenvolvemos uma maneira de nos comunicar em uma linguagem de gestos, olhares e inflexões vocais.

Mais tarde nos tornamos como estrelas binárias, o tipo que às vezes os astrônomos só conseguem detectar por uma estrela estar sujeita aos efeitos invisíveis da outra, como quando há um inexplicável efeito Doppler discernível na luz que elas emitem. Me tornei uma estrela binária fingindo não ser uma. Mary e eu tínhamos cada um sua órbita, mas sempre sujeitos à força gravitacional um do outro. Que Mary fosse menos inteligente do que o ser humano médio não mudava o fato de eu e ela sermos ligados, e até mesmo parecidos, de muitas maneiras. Eu também tinha uma dimensão autística forte em meus interesses solitários de infância: performances para plateias invisíveis, participação secreta em cerimônias religiosas estranhas às de meus ancestrais e mais tarde um foco obsessivo em composição musical, boa parte da qual era ouvida apenas na minha cabeça. E a música é, de todo jeito, a mais intangível forma de arte e a mais sujeita a leis ocultas e inescrutáveis. Na verdade, instintivamente, eu tentava, com muito empenho, manter viva em mim a primeira comunicação que Mary e eu tínhamos entre nós, e o aspecto público da música era apenas uma questão secundária, uma questão carregada da ansiedade de que este mundo interno oculto pudesse ser invadido ou tomado de mim; daí meu tormento com a execução de meu trabalho. Os rituais indecifráveis de Mary também podiam ser vistos como paralelos aos de meus pais e de meu irmão — na agenda dos três, estranhas preocupações privadas muitas vezes determinavam rotinas delicadas, quando vistas de fora. Não há um ponto divisório nítido entre o que consideramos normal nas pessoas e o que não consideramos normal; as diferenças podem ser dispostas em uma gradação crescente, mesmo que em alguns pontos a inclinação se torne íngreme.

A perda de Mary como uma presença reconhecida em meu mundo cotidiano havia se transformado em uma espécie de mitificação; minha tristeza por sua partida forçada e repentina — virtualmente silenciosa — da família, convertida num terror de nossa separação que eu nem sabia que carregava em mim. Esse terror não dizia respeito a crescer, mas a ser enfim livre o suficiente do éthos familiar para sentir a angústia e o trauma da perda que eu já experimentara com oito anos. Talvez para Mary essa separação tenha sido positiva. De fato assim parecera. Para mim era preciso que o desastre tivesse sido reconhecido. "Crescer", portanto, tinha um significado especial para mim: crescer e florescer significaria deixar Mary para trás de forma irrevogável, sem jamais se reconectar a ela ou sem ter apropriadamente vivenciado as emoções remexidas por não tê-la mais perto de mim; deixá-la para trás sem encontrar uma maneira de levá-la comigo.

Em vez de confortavelmente passar para o estágio seguinte da minha vida, eu o fiz vivenciando espirais de pânico cada vez maiores. O pânico ficara em gestação tempo demais.

Passei dois anos em Paris estudando com Nadia Boulanger, uma das figuras mais notáveis da música do século xx. Boulanger possuía um conhecimento quase enciclopédico de música, um ouvido fenomenal, uma habilidade única para instruir alunos sobre os princípios fundamentais da música de um modo holístico que apenas fazia crescer o amor deles pelos elementos musicais. Era um ser humano colossalmente realizado, ainda irradiando inteligência e energia com 83 anos, seguindo com suas dez horas de aulas por dia e regendo. Por mais imponente e formidável que fosse, ela também era desconcertantemente próxima. Embora alguns alunos tremessem em sua presença, esse não era o meu caso. Sempre me senti desconfortável com pessoas que queriam que eu fosse educado ou que eu me comportasse, ou que eu fosse falsamente alegre, ou que evitasse falar sobre coisas espinhosas, mas Boulanger apenas desejava falar sobre arte e sobre coisas importantes da vida. Para mim, seu destemor era de alguma forma contagioso, e na presença dela eu me sentia no coração protegido das coisas. Talvez também me sentisse ligado à sua história de vida, indelevelmente afetada pela morte prematura de sua irmã Lili, já então uma importante compositora, aos 24 anos.

Eu também sabia que os julgamentos de Boulanger partiam de um nível de referência tão alto que poderiam nem sempre se aplicar a mim. Quando cheguei a Paris, minha música, então "stravinskiana" de um modo vago, não era particularmente coerente; era mais uma liquidação de trechos musicais que imitavam meu compositor favorito vivo do que boas composições. Para conseguir reencontrar um modo mais orgânico de trabalhar, além dos estudos com Boulanger busquei a instrução e a orientação de um compositor que também havia estudado com "Mademoiselle" muitos anos antes. Pierre Petit era diretor da École Normale de Musique, mas o conheci na Sala Stravinski do conservatório. Quando toquei para ele algumas das minhas mais recentes composições orquestrais, Petit balançou a cabeça e apontou o retrato de Stravinski na parede. "Todos nós amamos Stravinski. E o saudamos", disse, inclinando-se para o retrato. "Mas não precisamos escrever como ele." Ele preferia muito mais minhas primeiras composições para piano, matizadas por harmonias de jazz e toques de lirismo americano de meados do século, que também expressavam um fluxo de pensamento musical natural e tinham forma própria. Nos meses seguintes, Petit me ajudou a voltar a escrever à minha maneira. Boulanger nunca soube que eu também estudava com ele, e a melhor composição que fiz sob a orientação de Petit, um tema com variações bastante sombrias, chocou-a como algo estranho à minha natureza. Quando a toquei para ela, Boulanger a descreveu como soando "a Schönberg". "Você é mais direto do que isso", afirmou. Eu sabia que a composição me viera de modo muito natural e que seus contornos angulares e humor sombrio se sustentavam muito mais do que meus esboços stravinskianos. Apesar de suas reservas, Boulanger teve o cuidado de elogiar uma série de décimas descendentes na mão esquerda próximo ao final do tema e incluiu a composição em um de seus concertos noturnos. Fiquei muito mais do que grato tanto a Pierre Petit como a Boulanger, e saber que ela confiava em mim o suficiente para me dizer que, em sua opinião, eu era um compositor me ajudou a seguir em frente nas tantas vezes em que duvidei de mim.

No meu primeiro ano em Paris, tive a sorte de me apaixonar. Vi-me envolvido em um romance sereno e sensual com uma adorável garota francesa de dezoito anos, uma estudante de antropologia que por coincidência era filha de uns velhos amigos de meus pais. O relacionamento durou sete anos. Sempre achei mais fácil fazer amizade com mulheres do que com homens. Mas, quando se tratava de amor, eu parecia especialmente atraído por mulheres de alguma maneira fora de alcance e misteriosas, como Mary. Eu precisava de mulheres com as quais pudesse estabelecer uma relação íntima não de todo compreensível a meus pais, mas também precisava de alguma ilusão de um laço quase familiar. Além de ser bonita, vivaz e inteligente, minha namorada francesa tinha a tripla vantagem de ser "outra" (de outra cultura e com o inglês como segunda língua), às vezes emocionalmente evasiva e desconfiada (o que mantinha a privacidade da nossa relação), e ainda oferecendo alguma ligação com o mundo de minha infância.

Meu segundo ano em Paris, quando me mudei para um apartamento com ela, também foi o ano em que meu pai sofreu um ataque cardíaco no período das festas de Natal. Embora eu quisesse regressar a Nova York em dezembro para vê-lo, minha mãe disse que isso poderia assustá-lo e que eu deveria esperar até o verão. A lógica e a sabedoria por trás do cuidado dela me escapavam e simplesmente mais uma vez confirmavam que nossa família conseguira fazer da negação uma quase religião. Como meu irmão observa hoje, nossa mãe parecia acreditar que não é um ataque cardíaco que mata você, e sim *admitir* que você teve um ataque cardíaco.

Foi a primeira vez que me senti profundamente desconfortável por estar longe de casa. De repente, a incrível vastidão do oceano Atlântico, pelo qual eu viajara alegre para a França, parecia um obstáculo que me impediria de rever meus pais. Embora eu tivesse 22 anos, um terror infantil se apossou de mim. Me senti como uma criança de seis anos que trepou, confiante, numa árvore e de repente percebe que não consegue descer. Fosse o que fosse que me deixava doente quando minha música era executada, ou contra o que eu parecia lutar quando regia na colônia de férias de Kinhaven, começava a assumir uma forma mais abrangente. Para onde quer que eu fosse, eu parecia caminhar com passos de chumbo contra um vento fortíssimo. Essa agorafobia, que me importuna desde então, criou um estranho estado mental que combina tristeza, culpa e temor existencial e invadiu meu corpo com uma doença chamada desassossego.

Quando voltei da França com minha namorada no verão de 1972, estava me sentindo uma pessoa mais vulnerável do que quando fui para lá. Como do ponto de vista financeiro eu estava por minha própria conta, tive a sorte de ser salvo da possibilidade de me atolar nos meus problemas pela necessidade de encontrar trabalho. Minha namorada e eu nos mudamos para um apartamento de dois cômodos em um pequeno sobrado de tijolos marrons no Upper West Side, e ela começou a fazer faculdade. Eu passei a dar aula de música em uma pequena escola secundária particular e na divisão preparatória do conservatório, e me inscrevi no curso de graduação em composição da Juilliard. Lecionar me ajudou a me concentrar nas necessidades e personalidades dos outros. À noite e nos momentos livres, eu trabalhava nas minhas composições no mesmo piano de armário que meus pais tiveram a visão e a generosidade de me dar anos antes, quando me formei no colégio. Agora ele fora levado para o nosso minúsculo apartamento, onde os sons modernos das minhas composições às vezes irritavam os vizinhos.

Em minha entrevista na Juilliard, sentei diante de quatro

célebres compositores americanos. Por causa do meu crescente medo de elevadores (a última novidade da minha cada vez mais incapacitante lista de fobias), eu havia subido pela escada. Estava sem fôlego e nervoso. Fiquei sabendo que só havia seis vagas no programa de graduação em composição e que, por causa dos meus dois anos na França, eu era um dos candidatos mais velhos, o que me deixava em franca desvantagem. Mencionei a Vincent Persichetti que, quando adolescente, eu visitara sua casa no interior da Filadélfia. Ele pareceu perplexo e depois se recordou. "Ah, sim", disse, "você é aquele da mãe." (Isso podia significar várias coisas, mas por alguma razão levei para o lado negativo.) Me saí bem no teste de ouvido musical. Respondi relativamente bem às questões teóricas e de história da música. No entanto, não fui aceito.

Quando tentei outra vez no ano seguinte, o resultado foi o mesmo. Enquanto isso, eu pelo menos fiquei estudando sozinho, enquanto trabalhava como professor, e escrevi uma ópera de um ato para um libreto meu, uma fábula sobre uma princesa que se casa com uma coruja. Não me lembro se eu sabia que esse enredo — um tipo de transposição de *O lago dos cisnes* com os gêneros invertidos e a espécie não humana trocada — expressava algo da minha própria sensação de estranheza por ser gêmeo de Mary. O que me recordo é do prazer que senti ao trabalhar na obra, que às vezes soava como *Barba Azul*, de Bartók. Nunca cheguei a ouvir minha ópera de um ato sobre a princesa e a coruja, mas aprendi muito ao escrever para teatro com base nela. (Por coincidência, *Grasses of a Thousand Colors* [Gramados de mil cores], a peça de 2008 de meu irmão na qual o personagem central se casa com um gato, explora tema semelhante. Ele me conta que quando a escreveu não fez, conscientemente, um paralelo nem com a "alteridade" da nossa irmã nem com o enredo do libreto da minha ópera precoce.)

Levei a partitura inteiramente orquestrada de minha pequena ópera e os dois primeiros movimentos — bastante sombrios — de uma peça para quarteto de cordas quando me inscrevi para a seleção do programa de graduação da Universidade Columbia. O processo de entrevista se daria com dois compositores me questionando individualmente. O primeiro olhou minhas partituras e disse: "Quanto antes você se libertar desse idioma, melhor". O segundo pediu que eu tocasse no piano toda a minha peça para quarteto. Depois de ouvir, ele disse que eu era "muito musical" e um "excelente pianista". Lembro de ele também ter mencionado que a palavra "musical" estava fora de moda como elogio, mas que no futuro retomaria seu papel. (Ele tinha razão nos dois pontos.) Columbia me aceitou. O entrevistador número dois, o compositor Jack Beeson, mostrou-se um professor maravilhoso. Mas estudar composição musical na universidade naqueles tempos era uma experiência sofrida. Enfrentei uma pressão feroz dos meus pares para adotar uma direção musical "relevante do ponto de vista histórico", independentemente de como eu na verdade ouvia e me sentia sobre a música, e descobri que, embora muito fosse dito nas aulas sobre as subjacências teóricas e estruturais da arte, havia pouca orientação de fato preciosa sobre questões igualmente importantes, entre elas como escrever de forma agradável para instrumentos ou de que maneira as subjacências teóricas da música são percebidas pelo ouvinte.

Entrei na Universidade Columbia já tendo recuperado pelo menos alguma semelhança com uma voz musical própria, mas depois, talvez isto fosse inevitável, a perdi mais uma vez. Em meu primeiro semestre em Columbia, completei meu sombrio e erraticamente exitoso Quarteto de Cordas, ele foi executado e abriu, assim senti, uma janela para meu verdadeiro eu musical. Mas o terceiro e último movimento, escritos em Columbia, eram as partes mais fracas da composição. Os dois anos e meio seguintes me forneceram uma inestimável introdução para várias realidades da vida musical, e a muitos músicos, alguns dos quais se tornaram meus amigos. Porém, os estudos em si foram insatisfatórios e penosos. Eu aproveitava alguma coisa, mas quase sempre com muito sofrimento. Em meus estudos de composição, eu parecia aprender sobretudo como manter meus impulsos na rédea curta. Além de Beeson, a pedagogia dominante parecia projetada para fragmentar a música em suas partes componentes e deixar os pedaços desmembrados no chão da sala de aula. Eu ansiava pelo brilho holístico de Boulanger.

No meu terceiro ano na Universidade Columbia, me tornei cada vez mais irrequieto. Uma valiosa disciplina de análise musical me apresentou a mente do temido teórico, regente e compositor Jacques-Louis Monod, que, como meu velho professor Kirchner, fora aluno de Arnold Schönberg. Ver Monod abrir um rolo no qual analisava todas as notas de uma peça de uma hora de Mahler nos deixava profundamente humildes e era muito intimidante. Comecei a compor uma peça de câmara de doze tons que eu levava para minhas aulas semanais com Vladimir Ussachevsky, um compositor maravilhoso que, entretanto, estava mal de saúde na época e que com frequência parecia distraído em nossas sessões. Nas festas de Natal, minha namorada francesa (com quem eu já estava havia sete anos) me disse que ia me deixar e tive uma profunda depressão. Eu não podia ficar aborrecido, pois sabia que nosso relacionamento havia muito se tornara platônico. Tendo resistido à insistência dela para que nos casássemos, eu não estava em condições de reclamar. Dei longas caminhadas pela cidade com o peito dolorido, sentindo como se uma mortalha negra tivesse sido colocada sobre meu cérebro para que eu pensasse que era noite. Que a separação abrupta tenha revolvido memórias da já longínqua partida de Mary me parece óbvio agora. Mas todos os rompimentos encerram — pelo menos um pouco — algo de morte, separando-nos de seja qual for o passado que levam consigo, abafando para sempre as ressonâncias de lembranças compartilhadas e substituindo-as pela imobilidade e pelo silêncio.

Enquanto tentava me recuperar do rompimento, eu me perguntava se eu era de fato talhado para relacionamentos amorosos. Triste, pensei sobre como aquele, que começara de maneira tão maravilhosa, acabara perdendo seu brilho romântico, e meditei sobre a ideia de que o desejo sexual e o amor nem sempre andam juntos, e às vezes parecem mesmo puramente contraditórios. O amor tende a ser singular e tem uma tendência para a estase, ao passo que o simples desejo — a luxúria — é libertino e anárquico. Me vi perguntando a mim mesmo se sempre tenderia a desejar mulheres que jamais poderia ter.

Enquanto isso, meu irmão, que já havia escrito várias peças e viabilizava sua vida de dramaturgo dando aulas em uma escola primária, trabalhando no Garment District como mensageiro e oficial de envios, e fazendo xerox para clientes em uma oficina copiadora, havia começado uma carreira bem-sucedida de ator quase por acidente. Tendo sido escolhido para fazer o divertido serviçal de sua própria tradução de *A mandrágora*, de Maquiavel, ele se viu convidado para papéis no cinema. Quando precisou desenvolver seu personagem de um homem que participa de um grupo de terapia para homens divorciados no filme de Burt Reynolds *Encontros e desencontros*, ele modelou o estado deprimido de seu personagem no meu.

Na primavera, comecei a sair para jantar com mulheres e a pensar de forma mais positiva. Eu estava desacostumado a ter encontros e fiquei surpreso, e até mesmo assombrado, com o fato de que eu ser tão baixinho não parecia impedir que tantas mulheres maravilhosas estivessem dispostas a partilhar uma refeição comigo. Eu estava fazendo terapia na época e relatei a meu terapeuta sobre uma longa noite na casa de uma mulher muito legal e graciosa, durante a qual ela se sentou diante de mim no sofá, acariciando eloquentemente seu gato e discutindo ópera. Fiquei muito honrado por ela não ter demonstrado interesse em que eu fosse embora, mesmo depois das duas da manhã, e fiquei confuso sobre por que eu acabara partindo. "Imagino que você não a tenha achado atraente", foi a útil observação do meu terapeuta.

Minha peça de doze tons parecia agora um objeto estranho que alguém deixara por acidente na minha mesa. Enquanto eu continuava trabalhando nela, me ocorreram outras ideias para piano que não pude deixar de anotar nas margens e nos espaços em branco da partitura. Enquanto as ideias eram jazzísticas, formalmente falando as peças não eram jazz de verdade, no sentido de que não se expandiam em estruturas de blues, mas eram construídas a partir de pequenos temas musicais, como peças de Bartók ou *Piano-Rag-Music* de Stravinski. Eram como impressões de jazz — fragmentos de memória. Elas começaram a se amalgamar e a ocupar minha atenção, eclipsando inteiramente a composição de doze tons, e de uma vez por todas. Tendo hiperutilizado meu senso crítico durante tanto tempo, eu agora soltara todas as amarras, com medo de reprimir algo autêntico. Algumas dessas "peças jazzísticas" eram um pouco autoindulgentes. O que me espantou, porém, foi elas serem não só mais vibrantes como também mais inteligentes, mais abrangentes do que a música que eu escrevera usando um sistema intelectual que não refletia o modo como minha mente funcionava. Levei-as para Ussachevsky e ele pareceu intrigado e divertido. Sobre uma das peças líricas, apenas comentou, com ironia: "Bem, eu poderia ter escrito isso para a minha primeiríssima namorada, mas não depois". (Considerei um comentário negativo sobre a composição, e não um elogio à sua primeira namorada.) Mas, no mínimo, o conjunto o fez sorrir. Ele até foi para o corredor e chamou Monod para se juntar a nós e ouvi-las. Monod também pareceu gostar, mas depois declarou que "é possível ouvir todo tipo de música por prazer — Dixieland, por exemplo —, o que não significa que você deva deixar que ela o influencie quando está compondo".

De minha parte, reconheci que pelo menos havia localizado uma matéria-prima com raízes profundas em minha vida — meu pai tocando piano e meu irmão e eu o acompanhando na sala de casa. O valor mais profundo daqueles sete "trabalhos de jazz" não era necessariamente o fato de eles serem "jazz", mas de se originarem daquele ser longínquo no tempo, virgem de ensinamentos formais, que precisara desesperadamente falar por meio da música.

Na primavera, depois de decidir que, fosse como fosse, eu jamais seria professor de música (previsão que mais tarde se mostrou falsa), abandonei a Universidade Columbia, deixando para trás o doutorado. Minhas composições seguintes, para violino e piano, escritas no verão, estendiam essa voz "jazzística" para além do reino do jazz. Apesar de ainda um pouco cruas, ao menos apontavam para alguma direção. Iam um pouco no sentido da música que eu compusera com treze anos, mas eram escritas com uma habilidade e uma precisão que minhas peças da infância não apresentavam.

Nessa época, comecei a sair com uma mulher que eu achava atraente e com quem acabei me casando (e com quem continuei casado até nosso divórcio, em 2002). Estávamos ambos em cruzadas criativas, ela em seu trabalho literário, eu em minha música. Em uma festa na qual a vi pela segunda vez, toquei algumas "composições de jazz" minhas e ela veio e se sentou comigo no banco do piano. Ainda lembro a emoção daquele momento, quando uma mulher que eu achava atraente sentou-se ao meu lado enquanto eu tocava uma música minha. Parecia algo muito natural partilhar aquelas peças. Quando eu as tocava, sentia como se estivesse no Friends Seminary, fazendo meus improvisos no horário de almoço. Coincidindo com o início dessa nova relação, algo mágico aconteceu com minha música. Comecei a aplicar tudo o que havia aprendido na escola, chatices, tudo, às ideias que me ocorriam. Comecei a inferir uma teoria a partir das minhas ideias, em vez de me impor uma prática teórica e buscar ideias que se encaixassem nela. Podia ser que eu estivesse colhendo os frutos diretamente da árvore, mas eu também sabia fazer uma torta muito boa com eles. Então, depois de vinte anos tentando compor, afinal me senti uma espécie de compositor.

Em Nova York eu levava agora uma vida muito agitada, tentando combinar a renda de minhas apresentações de piano em shows com a das aulas em várias escolas. Também comecei a compor música incidental para teatro, algo que eu adorava fazer, mas que diversas vezes me deixava insatisfeito. A experiência de estar no teatro era excitante; eu adorava os atores e adorava respirar o profissionalismo fenomenal de meus colegas artistas, e também ver minha música sendo utilizada e ouvida por uma grande plateia. (Meu projeto favorito, e aquele que me proporcionou mais repercussão, foi o trabalho com o diretor James Lapine, escrevendo a música para sua peça *Twelve Dreams* [Doze sonhos], sobre uma menina que mantinha um diário de sonhos perturbadores.) Pelo aprendizado de me identificar com personagens e cenas, bolando música adequada ou paradoxal para eles, ou simplesmente executando os desejos musicais de um diretor; pelo treinamento de compor para instrumentos em uma variedade de estilos, em manifestos musicais concisos, e ter que trabalhar depressa — muitas vezes sem um piano —, foi uma experiência inestimável. Porém, as passagens musicais necessárias para tais situações precisavam ser instantaneamente legíveis e também subservientes ao momento teatral. No caso das trilhas de fundo, precisavam ser, além disso, não intrusivas do ponto de vista sonoro. Essas restrições me permitiram afiar minha arte, mas também inibiam minha habilidade para descobrir novas coisas e segui-las aonde quer que elas me levassem. Faltava nesse ambiente profissional um elemento essencial, o que primeiro me atraiu para a música — a noção de que na música eu podia ser livre, livre para sentir o que quisesse e para descobrir quem eu era. Eu me dei conta de que tinha talento para fazer o que me pediam, para ser "adequado" — "o filho mais fácil", como eu de fato era —, e para ser "incidental". Eu sabia que muitos artistas combinavam maravilhosamente seu trabalho em esferas artísticas tanto públicas como privadas, porém, sentia haver mais uma camada na vida que eu apenas iria descobrir se permitisse que minha música seguisse seu curso. Eu ainda não aprendera o suficiente sobre o que eu era capaz de fazer sem me preocupar em apenas seguir o que se anunciava como uma promissora carreira de compositor teatral.

Para mim, compor música nunca significara expressar de forma deliberada emoções particulares, e sim descobri-las. Eu não sabia o que precisava dizer até escavar meu mundo interior compondo.

Com certeza essa necessidade de "descobrir" vinha da gemelidade perdida sobre a qual eu pouco pensava, e por certo isso explica o extraordinário fardo que eu depositara em toda a aventura de ser compositor. A ausência de Mary não costumava ser mencionada em nossa vida familiar. Algo essencial em mim também havia sido ocultado, e a música era o meu único meio de acessá-lo.

Nesses primeiros anos de meu casamento, antes de eu me mudar para Vermont, eu disse sim a todo tipo de projeto, sentindo que aquele era o momento de explorar tantos mundos musicais quanto possível. Escrevi música para oito peças, um filme, vários balés e dois musicais — um bastante curto (quinze minutos!) e um com mais de uma hora de música. Orquestrei músicas alheias também, embora sempre sentindo que outras pessoas fariam melhor. Eu era bom em executar composições que não me eram familiares e parecia encontrar trabalho facilmente como pianista de ensaio. A despeito de minhas ansiedades, eu adorava a excitação de fazer parte de uma trupe teatral. Em decorrência disso, tocava em algumas gravações de jingles e parecia me sair bem nisso também, apesar de ter pavor de estúdios de gravação, muitas vezes por si só claustrofóbicos. Um orquestrador se ofereceu para me ensinar a fazer arranjos *disco*, mas recusei, sentindo que eu não era versado o suficiente nessa linguagem. Algumas pessoas mais jovens e incrivelmente talentosas que conheci nessa época tiveram carreiras bem-sucedidas e lucrativas no teatro, no cinema ou na música comercial. Mas algo dentro de mim me impelia a escrever uma música que tentasse explorar um mundo musical mais íntimo e independente do que eu poderia fazer na maioria dos projetos colaborativos. A música que me satisfazia de verdade era a que eu escrevia no meu tempo livre e no meu próprio idioma.

No início do verão de 1983, com 35 anos, eu trabalhava como pianista de ensaio para um espetáculo que estrearia em agosto no Central Park e que, se esperava, faria sucesso suficiente para ir depois para a Broadway. (Eu já tocara em dois shows que haviam seguido essa trajetória.) Em julho recebi o telefonema inesperado de um conhecido meu de Bennington, em Vermont, me convidando para ser compositor residente por uma semana no festival de música de câmara de verão de lá. Se aceitasse o convite, eu teria de ser substituído como pianista de ensaio e jogaria fora a chance de participar do grupo do espetáculo quando ele estreasse. O diretor musical, ele próprio um compositor, ficou escandalizado que para mim a escolha fosse tão óbvia. Eu estava sendo convidado para ser compositor residente e precisava aceitar.

Essa aparentemente pequena oportunidade colocou em movimento a cadeia de acontecimentos que fez com que dois anos depois eu me mudasse para Vermont com minha mulher e nossa filha de nove meses, Annie. Até então eu vinha resistindo ao desejo de minha mulher de sair da cidade por algum tempo. Mas, quando o vínculo com Bennington se transformou em uma oferta de emprego para lecionar na faculdade, aceitei. Nosso filho, Harold, nasceu em Bennington em 1988.

A vida em Vermont era maravilhosa para os nossos dois filhos, e também acabou me libertando do ponto de vista criativo. Talvez criar tanto uma família quanto alguma individualidade como compositor requeressem distância do mundo da minha infância. Minha música perdeu sua forma autoconsciente. Lecionar e conviver com gente mais jovem, embora muitas vezes exaustivo, também foi uma dádiva e tanto, e cada vez mais preciosa à medida que o tempo passava. Lecionando continuei a aprender e encontrei tanto uma conexão crescente com a música do passado quanto com compositores como Toru Takemitsu, Alfred Schnittke, Louis Andriessen, György Kurtág e outros da minha idade ou mais jovens. Era como se todo o tempo o que eu mais precisara fora de um pouco de privacidade, o que eu jamais encontraria em Nova York. Havia sido algo alarmante para mim o bom acolhimento que meu trabalho obteve quando eu era um adolescente que ainda não estava pronto para isso. Eu tinha que proteger o frágil mundo interior que minha música revelava. Era como se muita atenção pública significasse que ela não mais me pertenceria e que eu perderia a capacidade de avaliá-la. Diferenciar isso do "medo da praça do mercado", que é o significado literal da palavra "agorafobia", está além da minha especialidade. Mas eu gostaria de pensar que tive uma reação instintiva de autopreservação que, em vez de me inibir, me fez levar uma vida plena. É com certeza verdade que por razões óbvias eu tinha horror de aparentar sucesso. Porém, eu também sempre tivera a noção quase inconsciente de que para os meus pais minha música tinha uma função diametralmente oposta da que tinha para mim. Para eles, se tratava de harmonia, de curar o que estava quebrado e de fortalecer o mito sobre a união e o afeto da família. Para mim, a música era sobre ser libertado de restrições inibidoras; sobre paixão, verdade e liberação. Em Vermont ninguém precisava que eu permanecesse jovem ou contido, e por fim me vi livre para crescer. A ironia foi que a ideia de me mudar de Nova York não fora minha, e que eu havia resistido ferrenhamente a ela.

Desde o ataque cardíaco sofrido por meu pai no final de 1971, as visitas a Mary haviam se tornado ainda mais árduas para ele. Já não se aventurava a se afastar muito de Manhattan e, quando viajava para ver a filha, ficava soturno e ansioso, o que deixava tanto ele quanto minha mãe preocupados. Na metade da década de 1980, um pouco antes de ele ser obrigado a se aposentar como editor, mudança enorme e desastrosa para um homem tão ligado ao trabalho e a um emprego que dava vazão a suas facetas intelectuais e sociais, ele parou de ir a Delaware. Desse modo, meus pais passaram a convidar Mary para ir a Bronxville nos almoços de aniversário anuais de fins de agosto. Meu pai tinha oitenta anos e eu, quarenta. Eu descia de Vermont para esses eventos, muitas vezes com minha família, e, quando possível, meu irmão e sua namorada se juntavam a nós.

Ao longo dos anos, Mary nunca, nem por um instante, deixou de reconhecer cada um de nós nos almoços. Mudanças de aparência — novidades como óculos, barba, cabelo grisalho, calvície — não pareciam surpreendê-la. Ela sempre demonstrava um reconhecimento instantâneo, afiado como laser, de nossa identidade. E também era capaz de incluir novas pessoas em suas expectativas. Mary facilmente aceitou meus filhos como parte da família assim que lhe foram apresentados. No primeiro almoço em que uma Annie de oito meses foi incluída, Mary pareceu desconcertada com a presença de um inesperado bebê. No começo, ficava perturbada quando Annie chorava, quase como se sentindo que sua posição como membro emocionalmente frágil do grupo tinha sido usurpada. Mas depois parecia apenas ansiar por vê-la. Por outro lado, os encontros de Annie com a tia podem ter contribuído para seu desejo, muitos anos depois, de se tornar psicóloga.

Harold tinha quatro anos quando conheceu Mary. Sua mãe e eu o preparamos para a ocasião, explicando que sua tia era minha irmã gêmea e portanto tinha a mesma idade que eu (na época, 44 anos), mas que ela era diferente e falava de um jeito estranho, e que precisava morar em um lugar especial para pessoas com dificuldade de tomar conta de si mesmas. Enquanto estávamos todos sentados, almoçando, o foco de Mary na comida à sua frente era, como sempre, incrivelmente sério, como se estivesse trabalhando. Ela estava quieta e ficou analisando a comida de todos os pratos da mesa com obstinação. Como sempre, comeu um volume incrível de salpicão de frango e tomate, bebeu bem rápido vários copos de chá gelado, erguendo o copo com o dedo mindinho esticado do seu jeito peculiar, e pediu mais pãezinhos de manteiga. Mas seu deleite com a sobremesa foi ainda mais óbvio. Ela parecia excitada com o sorvete e o bolo do jeito que apenas crianças pequenas ficam, repetindo diversas vezes os três sabores (morango, chocolate e baunilha), por vezes chegando a levantar os olhos e a sorrir com todos os dentes para dizer "Sorvetecombolo". Próximo ao final da sobremesa, Harold disse que queria ir se deitar no quarto. Entrei para ver se ele estava bem e o encontrei deitado de costas na cama, fitando o teto, pensativo. Harold era e ainda é uma pessoa reflexiva, metafísica. "Não entendo", disse, como se tentando compreender a natureza exata da estranheza de Mary. "Se a tia Mary é adulta, como é que ela come tanto sorvete?"

Durante essas visitas a Bronxville, eu enfim tinha a oportunidade de envolver Mary em outras atividades que não tocar piano, nas quais eu podia sentir a força de sua mente operando de sua própria maneira. Uma delas era a aritmética. Nesse reino técnico, ela se movimenta com uma suavidade automática que chega a surpreender. Quando escrevo páginas e páginas de problemas aritméticos para ela resolver, inclusive exemplos difíceis de divisão com frações, ou com números decimais, ela não resiste a solucioná-los. Com um movimento cheio de dignidade e seriedade, ela toma de mim o caderno amarelo e o lápis sem fazer perguntas e trata de mergulhar nos problemas como um fazendeiro dirigindo um trator em um campo negligenciado. Ela não rascunha nenhum cálculo. Aquilo para ela parece simplesmente uma questão de ler e escrever a resposta. E o impulso de completar a página toda e seguir adiante até tudo estar resolvido é quase irresistível. Às vezes murmura as respostas para si mesma, como muitos de nós fazemos ao desempenhar tarefas semelhantes. Mas a maioria dos gestos via de regra associados com o pensar — olhos para o alto e a cabeça inclinada enquanto se reflete sobre alguma coisa; dedo sob o queixo por um instante como se precisando estabilizar ou congelar a cabeça enquanto se pensa; olhos fechados para se concentrar ou relembrar — lhe é completamente estranha. Logo depois que Mary deixou Sandpiper, sua resposta para cada problema aritmético proposto era escrita numa caligrafia caprichada, com uma marca de visto ao lado de cada um deles. Em Briarcliff, esse modo de responder analisando- -todos-os-problemas foi mantido, mas a caligrafia se tornou mais e mais estilizada e interiorizada, e as respostas passaram a ser intercaladas com as marcas de visto automáticas ao lado delas, de forma que só era possível avaliar se estavam corretas por meio de uma análise cuidadosa. Ainda assim, as respostas estavam sempre certas, e se tornaram, para minha mente, um tipo de metáfora de todas as suas comunicações cujo significado deve ter se perdido na tradução, no caminho do seu cérebro para o mundo externo.

Outro de seus talentos matemáticos é contar objetos em uma caixa. De novo isso parece mais uma questão não de contar um por um, mas de "estimar" o conteúdo, por meio de uma multiplicação aparentemente automática de fileiras de itens. Se convidada a "contar" itens, ela parece quase incapaz de *não* fazê-lo, sem mostrar a resistência temperamental de quando é solicitada a tocar piano. Ela para, permanece imóvel e dá uma rápida olhada. Desde que os objetos estejam em fileiras discretas, ela oferecerá o resultado quase instantaneamente, e ele está sempre correto. Se sabe que está multiplicando ou se faz isso por instinto, não sei dizer. Mas é como se seu cérebro em movimento fosse livre de atritos. Mary demonstra a mesma naturalidade e a mesma falta de método ao dizer em que dia da semana vão cair futuras datas comemorativas.

Por mais fixas que fossem as expectativas de Mary sobre nossas visitas, ela sempre conseguia se adaptar a mudanças desde que alguns parâmetros fossem mantidos. Por exemplo, tudo indicava que desde que houvesse bombons Reese's com recheio de amendoim junto com os presentes que ela receberia — independentemente do tipo —, ela ficaria satisfeita: ela sempre dizia o nome "bombons Reese's de manteiga de amendoim" e apenas "presentes"; sempre os pegava antes; e erguia um olhar sorridente, abrindo bem os olhos, e os agarrava feliz quando os encontrava, ao passo que apenas mexia de forma desinteressada entre os outros itens das sacolas, com a possível exceção de blocos de papel e canetas. Entretanto, com o passar do tempo ela aprendeu que a coisa certa era segurar cada item recebido, sorrir e dizer: "Aaaaahhh, legal".

De modo geral, ela lidava com o desafio de abrir presentes melhor do que muitas pessoas que eu conheço. (No maravilhoso livro de memórias de Gunilla Gerland sobre sua juventude como autista, ela menciona um item considerado valioso de forma semelhante aos bombons de Mary: um abacaxi. Desde que houvesse um abacaxi entre seus presentes, Gerland ficava totalmente satisfeita.)

À medida que Mary cresceu e sua adoração por doces se tornou um problema de saúde, ela aprendeu que poderia consumir apenas um pedaço desse item valioso, sobretudo depois de várias colheradas generosas de bolo com sorvete em festas de aniversário, e com relutância se adaptou a isso também.

Encontrei anotações de Briarcliff de meados da década de 1980 que mostram mais uma avaliação do Q.I. de Mary feita na época e indicam que seu médico achou que ela apresentara "funcionamento intelectual estável ao longo dos anos". Os observadores a descreveram como uma "mulher baixa, bem alimentada de olhos castanhos e cabelo castanho curto. Usava óculos e mantinha um contato visual relativamente bom. Manifestava um leve tremor nas mãos ao trabalhar". Com base nos testes, eles a consideraram portadora de "severas deficiências em habilidades que requerem linguagem expressiva, julgamento social e sequenciamento de séries lógicas de acontecimentos. A dispersão é típica de transtornos de aprendizagem, bem como retardo, e parece afetar áreas ligadas à compreensão e ao discernimento". Além disso, consideraram "suas habilidades de integração visual-motoras similares às de uma criança de cinco anos e sete meses e ligeiramente abaixo do nível esperado para o seu Q.I.". Essas anotações me fazem lembrar de como é difícil entender Mary.

Ao longo dos anos, cada observador descreveu uma pessoa bastante diferente. Esse observador a via como uma "mulher retraída cuja conversa é no mais das vezes inapropriada. Ela tende a interagir usando um estilo ecolálico ou com questionamentos repetitivos. De acordo com relatórios, é obcecada por questões ligadas a datas comemorativas. Em geral Mary tende a passar o tempo, em vez de aproveitá-lo".

Mas será esta última observação verdadeira? Ou será que o entrevistador não consegue entender a maneira como Mary desfruta as coisas?

Ter meus próprios filhos, ajudá-los e observá-los enquanto eles, pouco a pouco, aprendiam a engatinhar, ficar de pé, caminhar, falar e desenvolver seus interesses, entusiasmos e personalidades, mexeu com memórias profundas de minha infância com Mary e me possibilitou uma visão em primeira mão dos estágios de desenvolvimento "normais" da infância. Meu amor por meus filhos de alguma forma também me tornou consciente de um profundo sentimento de incompletude em mim. Eu havia me casado e me tornado pai enquanto ainda tentava preencher — ou encobrir — um vazio que nem a mim mesmo eu admitia existir. Ser gêmeo era o fato mais básico e o mais óbvio da minha vida, no entanto não fazia parte da minha ideia de quem eu era. Claro, quando questionado sobre meus irmãos, eu não me esquivava mais da questão respondendo rapidamente que tinha uma irmã gêmea internada. Mas isso não significava que eu entendia o que estava dizendo. Como as comemorações de Natal da família durante minha infância — que pareciam tão alheias ao significado religioso do feriado quanto à ironia com que as observávamos —, minha vida de alguma forma era como um anel com um compartimento secreto. No lugar de Mary, eu carregava dentro de mim um sentimento de que havia um aspecto crucial da minha vida que eu não conseguia relembrar nem nomear.

9. Encontrando palavras

Foi só quando meu pai ficou doente, na primavera de 1992, com 84 anos, que comecei a formar uma imagem mais clara de sua vida romântica e da história de seu casamento com minha mãe. Sem me dar conta com um mínimo de clareza na época, esse processo começou a permitir que eu conectasse meus sentimentos imperfeitos — sentimentos que pareciam só ser expressos através da música — com as coisas que haviam acontecido nos meus anos de crescimento. Foi o início da minha educação sobre minha própria vida. Em tese, mais cedo ou mais tarde isso acontece com todo mundo. De início, como atores empurrados de repente para um palco com figurinos antes de os sets serem alterados por mãos ocultas, nós apenas vivemos, simplesmente "somos". Só mais tarde, e aos poucos, vamos para os bastidores e aprendemos mais — apenas o suficiente — sobre quem fez os cenários e o figurino, quem planejou o espetáculo, quem pensou no roteiro, quem construiu o teatro. Minha "educação" continuou por muito tempo depois da morte do meu pai e ainda está em curso. Mas começou com a doença dele, que fez com que alguns véus de mistério em nossa família fossem levantados, entre eles sua relação amorosa de quarenta anos com uma redatora da revista.

Naqueles meses da doença de meu pai, passei a pôr no papel, em palavras, em um diário, o que eu estava começando a entender. Você deve estar dizendo que o tempo todo eu evitei palavras, o centro da vida profissional do meu pai, que subestimei a importância delas desde que Mary saiu de casa, em 1957. Para mim, a "verdade" da música era muito mais poderosa do que qualquer coisa que pudesse ser verbalizada. E minha relação com Mary era, por causa das circunstâncias, primariamente não verbal. Embora eu nem sequer soubesse, a música havia me mantido perto de qualquer que fosse o tipo de comunicação existente entre nós quando éramos pequenos. Quando eu tocava Beethoven, ou a sonata de Berg, ou quando me concentrava por longos momentos nas mensagens vibrantes que pareciam emergir das teclas do piano ao compor, era como se eu estivesse me sintonizando com o comprimento da onda de Mary. Claro que apenas hoje, com sessenta anos, me dou conta disso. Jamais teria percebido na época.

No entanto, as palavras que meu pai e minha mãe me dirigiram durante o período da doença dele foram tão importantes que eu precisava preservá-las, para que não fossem esquecidas. Havia "verdade" nelas também, e uma boa parte dessa verdade me surpreendeu, apesar de eu já conhecer os fatos básicos. Embora ainda fosse demorar anos até eu começar a refletir de forma mais consciente sobre a vida de Mary e a saber mais sobre ela, o que acabei entendendo nesse período já era mais do que relevante para a história dela e, portanto, para a nossa história. Para dizer sem rodeios, descobri que palavras tinham importância, sim, mas que também havia boas razões para que eu tivesse aprendido a desconfiar delas.

A doença de meu pai que parecia uma gripe era, na verdade, um pequeno derrame, ou talvez uma série de miniderrames. Isso o deixou acamado, com a barba por fazer, e com um sentimento desconcertante de ter vivido uma espécie de interrupção em sua vida. Por alguns dias, sua consciência fraquejou e perdeu o passo. Mais tarde, ele parecia naquele estado estupefato em que uma pessoa fica depois de desmaiar de repente, quando, revivendo para o mundo, percebe-se em um lugar diferente de onde estivera um momento antes, chocada que o universo possa simplesmente ter desaparecido de forma tão inesperada e depois reaparecido, que o tempo possa saltar sobre si mesmo como um velho disco arranhado. Ele estava assustado e chorou ao descrever a confusão sobre o que lhe acontecera, dizendo que não via por aí pessoas com sintomas como os seus. E em sua voz delicada, ainda mais exaurida por seu fardo, disse: "Cometeram um erro terrível ao fazer a vida tão curta".

Depois que começou a se recuperar, quis retomar a velha rotina. Sua doença havia acentuado sintomas que pareciam os do mal de Parkinson. Ele precisava estar perto das duas mulheres de sua vida, mas estava trêmulo, tendo desenvolvido o modo travado de andar clássico do Parkinson, e só podia sair de casa na companhia de um auxiliar e, portanto, com o consentimento de nossa mãe, já que o dia inteiro, agora, ele ficava sob os cuidados dela. Isso precipitou uma crise.

Quinze anos antes, eu já tinha quase trinta anos e meu irmão quase 35, um amigo finalmente deixou escapulir na minha presença o fato surpreendente — e bem conhecido por várias pessoas — de que, embora nosso pai passasse todas as noites em casa com nossa mãe, ele dividia muito de seu tempo com ela e outra mulher. Durante toda a nossa infância e por nossa vida adulta adentro, nosso pai conseguira manter uma promessa feita à nossa mãe de que jamais discutiria o assunto de seu outro relacionamento amoroso com "os meninos". Apenas quando fizemos um retrospecto, reconhecemos que, apesar de ele jamais ter mentido para nós, frequentemente havia lacunas no relato que fazia do seu dia. Só consigo me lembrar da nossa mãe dizendo que ele estivera "no trabalho", quando na realidade ele não havia estado lá. Lembro de ela dizer coisas desse tipo, quando, agora sei, não eram verdade, e lembro de meu pai calando-se nessas horas, sem dizer nem mesmo palavras como "Sim, foi isso mesmo".

A primeira vez que eu soube desse complicado arranjo de vida foi por meio de um comentário casual feito por um amigo que imaginou que eu já sabia a respeito e, mais tarde, por conversas que meu irmão e eu tivemos com nosso pai. Na verdade, eu até mesmo o vira, por acaso, com sua outra mulher algumas vezes, e instintivamente havia percebido uma profundidade e uma intimidade entre os dois, sem suspeitar de nada mais. A personalidade de meu pai era discreta o suficiente, e seu trabalho, exigente o bastante para justificar qualquer comportamento misterioso seu. Muito do que ele fazia era bastante privado, e aquilo foi deixado sem explicação. Como editor, ele estava sempre muito preocupado, como o presidente de uma importante nação, e, como um presidente, sempre pronto a cuidar de questões de "Estado". A revista era semanal. Não havia semana em que não houvesse uma edição a ser enviada para impressão, outra para ser preparada, e muitas, muitas mais para receber sua preciosa carga de escrita e arte. Ele estava sempre preparado para largar tudo a fim de trabalhar em um manuscrito ou discutir uma ideia. Não era fácil imaginá-lo dizendo para qualquer pessoa "Isso vai ter que esperar. Estou de férias". Na verdade, era impossível imaginá-lo tirando férias, ponto. Ou até mesmo entendendo o significado de férias. Se sua cabeça estava de fato muitas vezes em sua outra família, ela também se dividia frequentemente entre o aqui e o agora e seus pensamentos relacionados à revista. No meio de uma refeição em família ou enquanto assistíamos ao programa de Johnny Carson, ele de repente se lembrava de detalhes de uma edição que precisavam ser corrigidos ou acrescentados, e corria para o telefone ou enfiava a mão no bolso interno do paletó para tirar de lá um envelope e anotar ideias ou parágrafos inteiros. Ele possuía centenas de envelopes desse tipo, vários deles cobertos, vertical e horizontalmente, por sua minúscula caligrafia. Havia também os muitos hábitos provenientes de suas fobias e sensibilidades, que eu pensava serem normais quando criança e dos quais eu entendia muito pouco. Ele usava casacos e cachecóis não apenas quando o inverno já havia terminado, mas até estar escaldantemente quente. Não suportava ar-condicionado. Era enjoado com comidas condimentadas, só comia peixe sem ossos e era exageradamente cuidadoso com pratos exóticos. Da mesma forma como mais tarde passei a fazê-lo, evitava elevadores, não usava o metrô, sempre se sentava no corredor em teatros e casas de espetáculo, e sempre próximo ao fundo. Nunca embarcou em um avião, e saía de Manhattan cada vez menos à medida que envelhecia. Durante todo o tempo em que foi editor, foi também o discreto confidente de incontáveis escritores e membros da equipe e de colegas editores que lhe falavam sobre seus casamentos e casos amorosos, sucessos e fracassos, problemas, vícios e crises; ele era o repositório de tantos segredos quanto um psiquiatra ou um médico. Tudo isso para dizer que, se havia silêncios não explicados na mesa de jantar, ou se ele parecia ambíguo no modo de demonstrar afeto à nossa mãe, ou se havia lacunas em seu relato sobre sua vida cotidiana, essas coisas não levantavam suspeitas especiais em se tratando de alguém já tão cheio de segredos.

Por mais de quinze anos, meu irmão e eu soubemos de seu outro relacionamento amoroso, e também da criança adotada por sua outra parceira, e cuidamos de que nossa mãe não soubesse que sabíamos. A doença dele mudou isso. Depois de todos os anos em que houvera uma divisão clara na vida de meu pai entre uma e outra casa, uma e outra família, um e outro lado seu, ele enfim sentiu que não tinha escolha a não ser recorrer a seus dois filhos para ajudá-lo a suplantar o abismo. Isso significava que ele esperava que quebrássemos a regra familiar do silêncio e admitíssemos à nossa mãe que sabíamos de seu enlace amoroso de quarenta anos. Ele pedia que argumentássemos que ele tinha o direito de visitar seu outro amor. Foi uma decisão difícil para nós. Precisamos decidir entre fazer algo que deixaria nossa mãe devastada ou desobedecer a nosso pai. Ele nunca, em toda a nossa vida, nos pedira nada, e temíamos que ele não tivesse muito mais para viver. E também sabíamos que um "caso" de quarenta anos não é mais um "caso", e sim um modo de vida que de alguma forma havia recebido a anuência de todos os envolvidos. Não achávamos certo nossa mãe, tão de repente, no último momento, proibi-lo de continuar com um modo de vida que até então ela tolerara. Com muita culpa e hesitação, acatamos o desejo dele e pedimos a ela que lhe permitisse retomar suas visitas a seu outro lar, acompanhado por um auxiliar.

Não muito tempo depois dessa intervenção, no aniversário de nosso pai, nossa mãe teve uma crise de colite que a fez sangrar tão profusamente que precisou ser levada ao hospital. Meu irmão foi com ela na ambulância e eu segui atrás no meu carro. Sentados na sala de espera, enquanto ela era examinada por trás de uma cortina, nós dois a ouvimos conversando com os jovens médicos com sua voz melodiosa e alegre. Nosso pai também insistira em ir e chegou um pouco depois, parecendo agitado e decidido enquanto caminhava ao lado da garota loira que vinha nos ajudando a cuidar dele nos últimos meses. Embora não mostrasse sinais de paralisia ou qualquer outro tipo de sequela mais séria, e não tivesse sido formalmente diagnosticado como tendo sofrido um derrame, ainda assim era óbvio, até mesmo para ele, que meu pai lutava não apenas para caminhar, mas contra outras mudanças sutis em seu corpo e mente. Acompanhei-o quando ele precisou ir ao banheiro e fiquei de guarda do lado de fora, exatamente como fazia com meu filhinho Harold quando ele ia a banheiros públicos. Pouquíssimas vezes meu pai estivera em um banheiro tão sujo. O piso estava molhado de urina e os azulejos da parede, decorados de cima a baixo com desenhos obscenos feitos com sprays e canetas. Como era um leitor profissional, ele naturalmente leu as palavras à sua frente. Quando saiu de lá, anunciou em voz baixa: "Muitas mensagens desagradáveis". Minha mãe foi internada em um quarto do 12º andar, e logo estávamos todos lá, como numa estranha reunião de família. Na verdade, era o mesmo hospital em que Mary e eu nascemos, 44 anos antes, e véspera do 64º aniversário de casamento dos nossos pais.

A crise de nossa mãe foi como um choro de dor protelado. Na noite em que a levamos depressa para a emergência, ela correu risco de sangrar até a morte. Mas no hospital seu estado logo se estabilizou. Ela permaneceu lá nos dias seguintes, esgotada porém alerta, num estado mental do qual fora removida qualquer camada que houvesse restado de fingimento. Quando criança, eu algumas vezes lhe pedia que não passasse maquiagem para que eu pudesse admirar seu rosto nu. Eu sempre admirara o núcleo sólido de realismo e perspicácia que havia por trás de sua vivacidade e coqueteria. Ali no hospital, ela era aquele ser natural, não adornado, que eu admirava — relaxada, forte, esperta, racional e bela. Agora que não havia mais um segredo a ser preservado, ela começou a falar francamente com meu irmão e comigo sobre sua vida com nosso pai. Como um paciente de psicanálise, deitada de costas ela falava sem nenhuma autocensura e se referia à nossa intervenção em prol de nosso pai como "O dia em que a caixa de Pandora foi aberta".

De volta ao apartamento, nosso pai se encontrava igualmente cândido. O que os meus pais me contaram durante esses dias me ajudou a imaginar o início da vida de Mary e da minha com base no ponto de vista deles.

Juntando os relatos dos dois em uma só narrativa, pude ver que, lá na década de 1930, uma época em que problemas psicológicos raramente eram discutidos em público, tanto um quanto outro haviam escondido os aspectos mais perturbadores de si mesmos e inclusive de seus amigos mais próximos. Quando eram recém-casados e lutavam para encontrar trabalho em Nova York, minha mãe chegou a sofrer uma espécie de colapso e foi hospitalizada. Naquela época, ela havia começado a se tratar com um psiquiatra, algo que não contou para quase ninguém. Até mesmo sua irmã só soube desse colapso sessenta anos depois.

De sua parte, nosso pai, que desde a infância sofrera com seus profundos medos e fobias, também havia começado a se tratar com um psiquiatra no final da década de 1940. Último de cinco filhos de uma família judia barulhenta e muito unida de Chicago, ele sempre fora o filho sensível. Sua claustrofobia começara cedo. Com seis anos, confidenciara à sua mãe que até mesmo na escola se sentia confinado. Ele conseguiria ir à Europa com nossa mãe na longa lua de mel dos dois, em 1928, tolerando o enjoo do oceano e o provável tormento das viagens de trem através dos túneis da Itália. Foi a única viagem de meus pais ao exterior.

Ele amou a revista *New Yorker* desde a época em que o primeiro número foi publicado, em 1925, mas poderia muito bem nunca ter chegado a trabalhar lá não fosse uma manobra providencial de nossa mãe. Quando chegaram a Nova York pela primeira vez, vindos de Chicago, ele na verdade tinha ido até a revista procurar trabalho no departamento de circulação, e foi rejeitado. Nem lhe ocorrera se oferecer como jornalista. Na primavera de 1933, meus pais estavam tão pobres que tiveram de deixar seu apartamento, vender os móveis e se mudar para aposentos úmidos no porão de uma pensão. Nosso pai passava horas e horas deitado na cama, em desespero. Enquanto isso, nossa mãe aceitava trabalhos estranhos, inclusive um como vendedora de cartões de Natal em uma loja no centro de Manhattan. Um amigo do *World-Telegram* sugeriu que ela se inscrevesse para fazer um teste como repórter na *New Yorker*. Ela fez e conseguiu convencer a revista a passar trabalho para o seu marido também. Na verdade, ela nunca teve a intenção de permanecer lá, reconhecendo, com razão, que o talento de nosso pai seria de pronto reconhecido e que aquele seria o lugar perfeito para ele trabalhar.

Nosso pai com certeza sofreu muito batendo perna como repórter em seus primeiros anos na revista. Embora tivesse uma escrita magistral do ponto de vista estilístico, ele parecia ser muito tímido e atormentado para se expressar inteiramente como redator. Quieto e via de regra contido nas conversas, parecia encontrar liberdade não nas palavras, mas na música. Um colega dele uma vez escreveu que no piano ele era "um homem literalmente diferente". Apesar de todos os inconvenientes que isso trazia, ser nomeado secretário de redação da revista durante os anos da guerra também deve ter sido um alívio, permitindo que ele afirmasse seus pontos de vista, sua personalidade, seus interesses e seus imensos dons literários ao mesmo tempo que continuava escondido. Além disso, o trabalho permitia que ele permanecesse em um lugar seguro, embora sem sacrifício de sua liberdade de ir e vir. Ainda assim, em conversas privadas ele sempre defendia a ideia de que aceitara se tornar editor por senso de obrigação, e que isso o impedira de se dedicar à própria escrita. Continuou sentindo-se desse jeito durante todos os anos em que trabalhou como editor-chefe.

Só posso entender que também sobre a vida em família ele tinha impulsos contraditórios. Era assombrado por desejos românticos por uma série de belas e poéticas mulheres. Não sei se ele fez algo a respeito nos primeiros anos de casamento. Também era assombrado por uma noção de destino — pessoal, cósmico e político —, e quando era recém-casado disse à nossa mãe que não imaginava ser possível trazer filhos para este mundo tão doloroso. No entanto, depois que começou a trabalhar como editor na *New Yorker*, no início da década de 1940, mudou de ideia e de repente quis ter uma família grande. Pelo que se sabe, meus pais foram um casal profundamente romântico durante aqueles anos (se não totalmente "codependente", como se diz hoje). Naquela época os dois moravam a apenas alguns quarteirões da revista, e ele com frequência ia para casa na hora do almoço, e eles faziam amor, esperando conceber um filho. Quando minha mãe engravidou, eles ficaram em êxtase. Daquela primeira gravidez nasceu uma menina, Wendy, que viveu apenas um dia. Nem meu pai nem minha mãe chegaram a vê-la. No início de 1943, minha mãe ficou grávida de novo, e em novembro deu à luz meu irmão. Não muito tempo depois, no auge da guerra, nossa mãe engravidou mais uma vez. Por causa do risco de um aborto, ela foi orientada a passar na cama os meses finais da gestação. Nos meses que se seguiram a Pearl Harbor, os nova-iorquinos estavam atentos a possíveis ataques aéreos. Durante um exercício de evacuação para o caso de bombardeio aéreo, enquanto a maioria das pessoas corria para abrigos nos porões dos prédios, meu pai correu do trabalho para casa e se enfiou na cama com minha mãe, dizendo que preferia morrer com ela e com o filho deles que nem havia nascido a sobreviver sozinho. Infelizmente, depois de um parto pélvico prematuro, essa criança também não vingou.

Em 1946, determinado a voltar à sua escrita, nosso pai decidiu deixar o cargo de secretário de redação da revista. Houve até mesmo uma festa de despedida e ele recebeu uma bandeja de prata de presente na qual redatores, artistas e editores haviam assinado seus nomes. Mas a libertação teve vida curta. Depois que um acidente tirou seu sucessor inesperadamente da jogada, ele foi chamado com urgência de volta ao trabalho e nunca mais saiu.

Minha mãe ficou grávida mais uma vez em fevereiro de 1948. A essa altura, meus pais e meu irmão, à espera do novo membro da família, haviam se mudado da Park Avenue South, com sua vista norte para a Grand Central Station, para a West End Avenue. Imagino que, como minha mãe já perdera duas crianças, deve ter havido uma grande apreensão quando ela foi levada às pressas para o hospital, em trabalho de parto, seis semanas antes da data prevista. A isso com certeza se seguiu surpresa, alívio, bem como uma contínua preocupação, quando ela deu à luz minúsculos gêmeos que precisaram ser colocados em incubadoras. Meu pai, no entanto, disse à minha mãe que o nascimento dos gêmeos foi o melhor dia da sua vida. Nas velhas fotos de família daquele novo núcleo familiar, pode-se ver alegria e um sentimento de gratidão no rosto deles depois que nossa mãe voltou do hospital com Mary e eu intactos, mesmo que meu pai, que geralmente fugia de fotos, ainda pareça contido como sempre, com um olhar ao mesmo tempo distante e recolhido.

Os amigos os inundaram de cartões de felicitações e telegramas, entre os quais havia a seguinte carta da amiga deles Aimée, de Paris, datada de 6 de setembro, dez dias após o nascimento dos gêmeos:

> Vocês não imaginam minha alegria e minha surpresa... Gêmeos!... Por favor, me digam imediatamente como vão os bebês, mesmo que para isso vocês só escrevam umas poucas palavras. Depois das tristes experiências que tiveram, não posso deixar de sentir um pouco de apreensão, e quero que vocês me digam se posso ficar inteiramente feliz com a notícia. As coisas devem ter se passado de forma inesperada. O bebê não estava previsto para 13 de outubro?... Mas onde vocês vão colocar essa enorme família? Como vai Wallace e o que ele está achando de tudo isso?

Nesse contexto, a compreensão gradual, nos dois anos seguintes, de que havia algo errado com Mary deve ter sido, pelo menos para meu atormentado e fatalista pai, como a confirmação de uma espécie de maldição. Talvez isso tenha contribuído para que ele se distanciasse, ainda que em parte, da família. Minha mãe, por sua vez, deve ter desejado a todo custo negar o problema, se é que sua personalidade posterior serve de indicação de como ela teria se comportado na época. Nas fotos de família, a pequena Mary é bela e delicada e está sempre vestida de forma adorável. Posso imaginar como minha mãe deve ter ficado feliz com sua feminilidade. Tendo já perdido uma menina, agora havia o risco de ter sua segunda filha tirada dela, pelo menos no que se referia à sua vida como uma criança comum, deixando-a com dois filhos e um marido, mas sem uma companheira mulher na família.

No verão de 1950, ano em que Mary e eu fizemos dois anos, no período em que a ausência de reações de Mary começava a se tornar, pelo menos subliminarmente, uma preocupação, a família se mudou para um apartamento grande no Upper East Side. Foi também o momento em que nosso pai passou a se sentir cada vez mais atraído por L. R., que na época estava terminando um artigo importante sobre Ernest Hemingway para a *New Yorker*. Depois, em 1951, o editor-chefe Harold Ross passou por uma radioterapia por causa de um câncer da traqueia, acabou sucumbindo ao câncer de pulmão e em dezembro morreu em uma mesa de cirurgia no New England Baptist Hospital de Boston. Na época da morte de Ross, meu pai estava especialmente ligado à sua psiquiatra, uma húngara chamada Ruth Hanekenda. Não muito tempo depois, a dra. Hanekenda também caiu gravemente doente. Quando estava morrendo de câncer de pulmão, a dra. Hanekenda disse à nossa mãe, em sua cama no hospital, que ela deveria soltar um pouco as rédeas do marido. "Você sempre vai estar lá", disse. "Não se preocupe. Até mesmo nos sonhos dele, as outras mulheres se transformam em você. Mas você deve deixá-lo um pouco mais livre." Após a morte de Ross, seguida pela de Hanekenda, nosso pai ficou terrivelmente abalado.

No início de 1952, meu pai foi nomeado editor da revista, cargo que, se por um lado canalizava seus dons literários e amplificava seu amplo alcance intelectual, por outro o impedia de perseguir seu próprio trabalho criativo. E a essa altura ele também já estava envolvido no profundo relacionamento romântico extraconjugal que continuou até sua morte. Assim, enquanto pressões internas e externas se acumulavam sobre meu pai, e no momento em que a doença de Mary começava a se mostrar, ele se libertou em parte das garras do casamento e da vida em família dividindo seu eu romântico em dois. Talvez fosse a maneira de manter uma janela aberta em seu espírito. Agora assumindo uma responsabilidade ainda maior no trabalho, ele pelo menos sentia que nenhum dos relacionamentos poderia reclamá-lo por inteiro. Ao mesmo tempo, sua relação amorosa extraconjugal abria um espaço entre ele e a dor emergente em sua vida familiar. Se essa rotina dividida era algo que teria ocorrido de qualquer forma com o tempo, independentemente do que acontecia em nossa casa ou no trabalho, é uma pergunta sem resposta.

Mary e eu tínhamos então quatro anos de idade.

De início, ele guardou para si sua vida dupla. Foi seu novo psiquiatra quem, vendo quão profundamente perturbado ele se sentia com a situação, sugeriu que ele contasse à mulher que estava envolvido com outra. Um dia, no final do verão, nosso pai levou nossa mãe para almoçar fora e lhe disse que estava envolvido em um relacionamento do qual vinha tentando se desvencilhar. Deve ter sido um momento terrível para os dois. Antes, naquele mesmo verão, nossa mãe havia sofrido um acidente de carro em um táxi, no cruzamento da rua 97. Um caminhão atingira em cheio a lateral do veículo e a deixou caída para fora da porta esquerda, com a cabeça sangrando, cortes nos tornozelos e duas costelas quebradas. Nosso pai saiu correndo, e chorando, do escritório e foi para o hospital, e não pôde deixar de associar — assim ele lhe contou mais tarde — o fato de tê-la traído com o acidente. Enquanto eles se encaravam por sobre a mesa do restaurante no dia em que ele fez sua confissão, ela trazia uma cicatriz recente do acidente no formato de lua crescente no lado esquerdo da testa. Com o tempo, o ferimento se tornou um risco branco difuso e delicado, mas nunca desapareceu, permanecendo como um lembrete das ameaças daquele verão pelo resto da vida dela.

Portanto, nossa mãe ficou sabendo dessa catástrofe em sua vida em 1954. Logo depois da revelação, nosso pai fez uma viagem curta para Boston, durante a qual se propôs a decidir o que queria fazer. Quando voltou para casa, disse à nossa mãe que não queria se separar nem se divorciar, mas que tampouco conseguia esquecer a outra mulher. Naquela época meus pais chegaram a um acordo sobre como ele organizaria sua vida diária, a fim de ter tempo para seu outro relacionamento, porém sempre passando as noites em casa; ele também concordou em não falar sobre o caso para nós. De 1954 até a morte de nosso pai, em 1992, nossa mãe viveu sob a tensão contínua de tentar manter unida uma família na qual havia uma criança deficiente e um marido presente apenas em parte. Por pouco mais de uma década, ela esperou que aquele relacionamento acabasse se mostrando temporário e que seu marido "caísse fora dele". Ao mesmo tempo, continuou amando-o, e os dois continuaram se amando, e, tanto quanto podemos inferir com base em evidências, permaneceram fisicamente íntimos, até mesmo na velhice. Para minha mãe, o novo amor de meu pai era uma aberração, um caso mais de possessão demoníaca do que uma manifestação da vontade dele. E para ela continuou sendo "uma aberração" mesmo depois de ter se tornado, de fato, permanente. Sob alguns aspectos, meu pai também via a si próprio como um participante passivo nesse e em outros aspectos de sua rotina. Quando, por volta dos meus trinta anos, eu finalmente soube desse lado da vida dele e lhe perguntei a respeito, ele falou não tanto das decisões que tomara, mas das descobertas que fizera. Falou sobre descobrir que havia duas mulheres sem as quais não podia viver. Uma vez definiu a coisa de forma bem sucinta: "Eu me vi precisando de duas esposas". Em nossas conversas, sugeriu que acabara se acostumando a precisar de duas casas e a ser necessário nelas. "Era como se eu saísse pela porta como uma pessoa e entrasse pela outra porta como outra."

Esse era o contexto matrimonial em que Mary e eu passamos nossos primeiros anos, e também o contexto no qual, em 1956, Mary foi examinada pela dra. Wertheim e a questão sobre se ela deveria ou não continuar em casa foi levantada. Um contexto em que a ameaça à sobrevivência do casamento ainda era recente e no qual enormes pressões recaíam sobre meus pais, tanto individualmente quanto como pai e mãe. Não acredito que essas pressões adicionais tenham causado a internação de Mary, mas com certeza contribuíram para o ambiente conjugal perturbado no qual decisões sobre ela estavam sendo tomadas. No mínimo ajudam a explicar a intensidade emocional que tanto meu irmão quanto eu percebíamos por baixo da superfície cotidiana das coisas, mas que nossos pais se esforçavam ao máximo para negar que estivesse lá. (Quando meu irmão foi ver pela segunda vez *Longa jornada noite adentro*, de O'Neil, e insistiu que nossos pais o acompanhassem, foi porque ele tinha visto nossa família de alguma forma refletida lá, e lhes disse isso.)

Em 1956, ao considerarem a internação de Mary, meus pais claramente tinham esperanças de que a estavam mandando para um lugar onde ela seria mais feliz e mais bem compreendida. Decerto também acreditaram que a ausência dela daria a meu irmão e a mim mais espaço. Mas lá no fundo minha mãe com certeza também tinha esperanças de que, sem Mary em casa, meu pai não precisasse mais se ausentar com tanta frequência ou quem sabe nem se ausentasse mais. Ela deve ter tido esperanças, pelo menos inconscientemente, de que ele não precisaria mais fugir e que seu outro relacionamento, afinal, perderia força. Isso nunca aconteceu.

O problema da partida repentina de Mary para mim foi que ela nunca me pareceu uma salvação, e sim uma punição: uma expulsão, um exílio forçado. Para mim não havia nada de errado com Mary. Ela era apenas ela, uma parte inextricável do mundo que eu conhecia. E como era quase literalmente uma parte de mim, me faltava a capacidade de articular isso comigo mesmo; que dirá então com outras pessoas. Agora que conheço um pouco sobre cérebro, entendo que coisas assim tão primevas ficam alocadas na amígdala do "cérebro réptil", a parte que simplesmente sabe, mas não tem palavras para descrever. Enquanto meus pais e até mesmo meu irmão sentiam alívio e uma certa esperança de que Mary começasse uma vida nova, eu me senti roubado, arrancado de uma certa sensação de completude que eu tinha. Minha tristeza e confusão — já que, afinal de contas, não havia uma aura de tragédia, nem mesmo de grande importância, no que havia ocorrido bem ali na nossa casa — misturavam-se a um medo avassalador. Coincidência ou não, meu medo acabou se cristalizando particularmente em muitas coisas que não apresentavam, como essa perda, nenhum perigo visível.

De acordo com aqueles que têm realizado estudos sobre gêmeos, como a escritora Alessandra Piontelli, autora de *Twins in the World* [Gêmeos no mundo], o conceito de gêmeos historicamente atiçou medos primitivos em muitas sociedades, levando a maus-tratos e até mesmo assassinatos. Alguns grupos sociais relacionam em termos negativos a gemelidade com incesto e inventam maneiras de separar gêmeos quando ainda bebês. Entretanto, de acordo com Piontelli, em culturas tão díspares quanto a da Indonésia e a de Gana, surpreendentemente, gêmeos idênticos por vezes acabam vivendo juntos em uniões homossexuais toleradas pela sociedade. Em pelo menos uma cultura, gêmeos bivitelinos são até mesmo vistos como parceiros ideais e apoiados em casamentos clandestinos incestuosos.

Entretanto, deixando de lado tais casos extremos, há todo um conjunto de evidências sugerindo que ter um irmão gêmeo ou uma irmã gêmea cria um tipo especial de proximidade, e que a perda de um gêmeo deixa uma espécie de vazio psicologicamente único. Sob certos aspectos, ter um irmão gêmeo representa um fardo. Alguns gêmeos bivitelinos sentem-se aliviados ao se livrarem dos grilhões da gemelidade quando adultos e por fim poderem romper o elo impingido sobre sua individualidade desde o nascimento. Contudo, Piontelli também discute como muitos gêmeos bivitelinos que crescem juntos acham difícil encontrar no casamento o mesmo tipo de proximidade que têm com seu irmão ou sua irmã gêmea, sendo obrigados a se conformar com as limitações da comunicação humana normal se comparada à compreensão instintiva já experienciada por eles com o irmão ou irmã.

A conexão que Mary e eu tínhamos quando crianças pequenas era espontânea e intuitiva. Se ela não pode ser deliberadamente resgatada, tampouco pode ter sido erradicada pela passagem do tempo ou pela ausência de experiências compartilhadas. Supõe-se que nossa história como gêmeos é revelada por ações, hábitos e traços psicológicos dos quais não estamos conscientes, e também por gestos, como certo modo de inclinar a cabeça que vejo em fotografias. Nossa precoce conexão, nossa precoce união não pensada, como uma sombra produzida por um sol que não é visto, simplesmente nos acompanha aonde quer que a gente vá.

Descobrir tão tarde toda a história enterrada da família que cercou meus primeiros anos de vida foi de início um pouco como descobrir que meus pais estavam divorciados durante todo aquele tempo e que haviam permanecido juntos apenas por causa das aparências. No entanto, essa discrição não faz justiça ao amor que eles ainda sentiam um pelo outro ou à complexidade de suas personalidades. Até mesmo para mim, seria fácil sucumbir à tentação de simplificar a história deles como uma na qual um amor inicial foi se tornando aos poucos mais distante. Mas isso não explicaria a ligação, o romantismo e a afeição que permaneceram. Ninguém diria que a relação deles era desprovida de alegria ou que era fria. Junto com o indecifrável formalismo de meu pai, havia em seu rosto um misto de constrangimento ruborizante e de um inconfundível júbilo quando minha mãe tentava beijá-lo na nossa frente. Ela o provocava, e ele não conseguia deixar de rir. (Ela visivelmente também queria que nós víssemos e que nos lembrássemos deles se beijando.) Ele pode muito bem ter ficado com vergonha da diferença de atitude deles em relação a muitas coisas e das fendas que haviam se aberto entre os dois ao longo dos anos, mas ele também parecia simplesmente tímido, como se protegendo sua privacidade. Uma das poucas vezes em que o vi bravo com minha mãe foi quando ela trocou de meias na minha frente, revelando todo o comprimento de suas pernas torneadas e rechonchudas. A maneira como ele a censurou por ser desatentamente exibicionista sugeria ciúme mais do que preocupação paterna comigo. Seus sentimentos físicos por ela pareciam bastante vivos.

Acabei sentindo que, à medida que a crise no casamento de meus pais se solidificou, tornando-se rotina, também moldou-se à natureza de cada um, revelando a forma de suas personalidades e do talento comum deles para a compartimentalização. Ao permitir que as correntes de sua natureza fluíssem livres entre duas fontes, um cisma na personalidade de meu pai, certa ousadia enterrada sob seu exterior controlado com tanta rigidez encontravam um escape permanente. Duplamente necessitado, duplamente amado, ele também era solitário, e portanto livre, de uma maneira que não seria com apenas uma mulher. Quanto à minha mãe, por mais doloroso que fosse imaginar o tempo todo onde ele estaria quando se ausentava, ela deve ter acabado por pelo menos reconhecer que, já que a rotina era permanente, nenhuma outra grande fenda jamais se abriria, que no final das contas ela não iria perdê-lo; ele sempre voltaria, sempre voltaria para casa, para ela. De uma forma bastante estranha — hoje vejo —, isso pode tê-la mantido atraída por ele, no sentido positivo, e pode ter ajudado a mantê-la, e a seu amor por ele, jovem.

10. Autismo

Se crescer com Mary já havia me ensinado a encarar a consciência como algo variável, os últimos meses de meu pai trouxeram para casa a lição de que até mesmo o grau e o tipo de consciência com os quais nascemos não podem ser considerados imutáveis. Como nossos corpos, nossas mentes nos são emprestadas. Embora, por sorte, suas faculdades mentais nunca tenham ficado tão deterioradas, meu pai sofreu um acidente neurológico e parecia saber que esse acidente o deixara alterado. Nos seus últimos seis meses de vida, ele parecia, sem exagero, agarrado à sua lucidez, afugentando uma sensação de aprisionamento e sentimentos incipientes de paranoia. Já que escrever à mão era cada vez mais árduo e sua caligrafia havia se tornado quase microscópica, comprei-lhe uma máquina de escrever elétrica. Ele sempre usara uma tradicional. Ele a experimentou datilografando a frase: "A essência desta máquina e o que a distingue de outras máquinas é mais do que consigo entender. É uma bela máquina, e acho que posso aprender a usá-la". A folha de papel amarela em que isso foi escrito permaneceu na máquina até o dia em que ele morreu. Nunca mais ele escreveu outra frase nela.

    Durante seis meses ele viveu em um estado frágil e desorientado, vulnerável do ponto de vista emocional, mas com a mente intacta. Conversamos bastante durante esse período, e ele parecia profundamente grato por meu irmão e eu não o julgarmos pelos contornos que sua vida adquirira. Depois de passar tanto tempo na cama, caminhar era algo perigoso e arriscado. Ele se preocupava com a possibilidade de nunca mais caminhar de forma normal de novo. Durante uma de minhas visitas, ele observou que "quando vemos jovens com trinta ou quarenta anos na rua, eles parecem pensar que vão viver para sempre". No Dia de Ação de Graças, ele estava bem melhor. Dedicou-se muito aos netos e se envolveu de verdade com eles. Deixou Harold, então com quatro anos, levá-lo de um cômodo a outro. Continuou intelectualmente engajado e estava fascinado por um livro com a troca de cartas entre Hannah Arendt e Karl Jaspers. Permaneceu um longo tempo debruçado sobre a mesa da sala de jantar, lendo-o. No dia 6 de dezembro, dois dias antes de sua morte, fez várias anotações com sua pequena e delicada caligrafia, a qual, embora ligeiramente inclinada, estava muito próxima da normalidade. Alguns desses bilhetes foram postados um dia antes de ele morrer e chegaram depois de sua morte. Um tinha a data de "8 de dezembro" e outro, de "8 de fevereiro", um dia que ele não viveu para ver. Em um deles ele escrevera: "Obrigado por escrever para me alegrar. Você teve êxito, como tantas vezes no passado".

    Na iminência da morte do meu pai, minha mãe parece por fim ter apreciado inteiramente o fato de que meu irmão e eu éramos agora homens e não mais "os meninos". Ela gostava sobretudo de me ver no papel de pai e ficava feliz da vida quando eu a levava para passear no meu carro. Experimentava um prazer infinito em assistir às atuações do meu irmão no teatro e às minhas performances musicais, não importando quão estranhas, perturbadoras ou escandalosas elas pudessem ser nem se eram apresentadas em lugares muito simples. Sempre pensei no meu pai como alguém que ansiava um estilo de vida mais boêmio. Mas, estranhamente, depois que ele morreu, foi nossa mãe quem se mostrou comprometida de um jeito muito decidido com as arriscadas empreitadas artísticas de seus filhos, qualquer que fosse o modo como os produtos de nossa imaginação fossem recebidos ou quanto valessem no mercado. Ela se tornou mais livre, mais generosa, mais cândida e, surpreendentemente, mais focada no futuro do que no passado. Embora houvesse áreas de sua vida sobre as quais continuava mantendo o nível de controle de sempre — e Mary era uma delas —, sob muitos outros aspectos ela relaxou. Em 1994, mais ou menos, ela assinou, toda faceira, um novo contrato de aluguel de seu apartamento que ia muito além do então inimaginável ano 2000. "Que maravilha pensar que talvez eu ainda esteja viva!", exclamou com sua característica voz vibrante e alegre. Na verdade ela viveu até 2005, morrendo a poucos meses de seu centésimo aniversário.

Depois de ficar sabendo muito mais sobre meu pai e minha mãe nos últimos dias de vida de meu pai, tentei entender meu passado, e particularmente Mary, ao mesmo tempo que tocava a vida, ajudava a criar meus filhos, escrevia música e lecionava. A experiência de escrever sobre minhas fobias me transformou. Na época em que terminei o livro, senti a perda da presença de Mary em minha vida mais incisivamente do que havia sentido desde os meus nove anos. Foi nos últimos meses de vida de minha mãe que pela primeira vez fui sozinho a Briarcliff e comecei a tentar relembrar de modo mais consciente meus primeiros anos e os de Mary. Desde então, procurei visitá-la mais e entendê-la melhor, mas sempre com a sensação quase onírica de que tentava compreender algo que era fundamental e enraizado demais em mim para ser sondado. Quando olho para Mary, vejo uma mulher de meia-idade que também é minha primeiríssima parenta — meu relacionamento de origem de fato. É como se eu olhasse para uma imagem do meu cérebro. Eu o vejo, mas também o estou usando para vê-lo. Posso ter esquecido que sou gêmeo, porém esse esquecimento talvez seja uma expressão da severidade da perda que experimentei quando Mary saiu de casa.

Não consigo ver Mary objetivamente, e não é fácil capturar em palavras seja o que for que eu entenda que ela esteja sentindo ou vivendo. Sinto, porém, que o fato de eu ser hoje uma presença mais constante na sua vida a deixou feliz.

Um instantâneo de 2009: Mary e eu estamos caminhando na direção do meu carro sob uma chuva torrencial. Estou em Briarcliff, levando-a para almoçar fora, e vamos nos encontrar com Katerina. Kat é uma das poucas pessoas amiga de Mary há muito tempo. Quando tinha vinte e poucos anos e trabalhava como gerente em Briarcliff, costumava levar Mary a Bronxville, e depois a Nova York, para seus almoços de aniversário. Katerina, uma bela mulher agora de trinta e poucos anos e mãe de duas crianças, passou a comandar uma grande organização. Atingida pela chuva, Mary aperta minha mão com força. De início, dá vários passos para a frente e vários para trás, mas acaba alcançando um ritmo estável de caminhada, embora ainda lento, difícil de chegar até o carro. "Onde está o carro?", ela pergunta várias vezes, e depois "Onde está Howard?" várias outras. Suas perguntas saem com uma voz surpreendentemente alta, grave, intensa, mas entre uma e outra ela também inspira de forma curta e repentina, emitindo sons sibilantes; ela também cantarola, como se cantar e caminhar combinasse. Não sei quem é Howard, mas me pergunto se é ele quem dirige a van na qual Mary costuma se locomover. Ela nunca andou em meu carro. Mostro-lhe onde o carro está, mais adiante, mas isso não parece significar nada para ela. Percebo que ela não toma nenhuma precaução contra a chuva e caminha nas poças d'água com seu tênis de corrida, mas evitando pisar na grama. Embora a água decerto a esteja incomodando fisicamente, ela não parece se dar conta. Está usando uma boina estilosa, listada de branco e preto, que combina bem com seu cabelo grisalho, portanto sua cabeça está bem protegida. Ainda assim, me preocupo que esteja se molhando, enquanto ela parece apenas preocupada com o fato de não nos mantermos religiosamente na calçada. Uma vez no carro, lembro-lhe de afivelar o cinto de segurança, e ela o faz de forma cuidadosa e ágil. No centro comercial, entramos no restaurante errado sem querer — ela agarra de novo minha mão com força — e nos vemos diante de uma recepcionista glamorosa cujo olhar, pulando de um para outro, trai um leve traço de surpresa. Mary não está perturbada pelo meu engano, volta ao carro comigo e dessa vez põe o cinto sem que eu precise lembrá-la.

Quando chegamos ao restaurante certo, Mary já mencionou várias vezes o que está planejando pedir — pizza, batatas fritas e sorvete —, mas aos poucos aceita o fato de não haver sorvete, mas de ter uma bela sobremesa de chocolate. A garçonete pergunta se ela quer alguma cobertura na pizza, e Mary me espanta ao dizer, confiante, "pepperoni". Estou tão acostumado a ouvir repetições, que uma nova palavra é sempre uma surpresa. Embora nunca faça contato visual com a garçonete, ela não a deixa esquecer qual o seu pedido. Quando a pizza chega, Mary diz, cheia de autoridade: "E batatas fritas". A garçonete parece admirada com as maneiras incomuns de Mary e com seu tom de voz, mas é razoavelmente compreensiva. Quando as batatas fritas afinal chegam, Mary abre um sorriso enorme. Katerina pergunta se ela quer que ela, Katerina, corte a pizza, para ficar mais fácil de comer, e Mary diz: "Sim, por favor". Durante o almoço, Kat e eu às vezes conversamos com Mary, às vezes conversamos sobre ela. Kat me diz que a compreensão de Mary vai bem além do que eu imagino. "Mas ela vive em um mundo em preto e branco, um mundo de especificidades." Lembro-lhe de uma vez ela ter dito que eu não devia me sentir mal pela vida de Mary, pois Mary podia, inclusive, ser "a mais feliz dos Shawn". "Sim, é possível, embora eu não possa afirmar que entendo a fundo a mente dela", Kat diz. "Ainda assim, há uma porção de coisas sobre as quais você e eu nos preocupamos e nas quais Mary nem pensa." Pode ser, reflito, mas às vezes a vida dela mais parece um interminável processo de superação do que propriamente felicidade. Não consigo deixar de pensar num comentário de uma de suas avaliações da época de Briarcliff: "Mary costuma passar o tempo em vez de desfrutá-lo". A verdade é, claro, que ninguém de nós sabe o que ela sente e pensa. No final do almoço, Mary refere a si própria na primeira pessoa. Ela diz: "Eu almocei muito bem".

Durante toda a vida de Mary, meus pais pareceram vê-la essencialmente como uma criança. Como seu irmão gêmeo, às vezes acho que a entendo de um modo intuitivo, de que meus pais nunca foram capazes, embora na verdade minha visão sobre ela seja igualmente obscurecida. Reconheço que ela é uma mulher incomum cuja comunicação verbal é bastante mínima e cujas faculdades emocionais e sociais estão numa frequência de ondas diferente da minha. Mas, de certa maneira, no fundo não consigo deixar de pensar nessas características como sendo fruto mais de escolhas do que de entraves congênitos. Como resultado, às vezes fico desanimado e confuso quando me cai a ficha de que ela sempre será incomunicativa.

Entretanto, não acho que eu esteja errado em imaginar que, já que tudo na natureza tem uma causa, tudo o que Mary diz e faz tem um significado, mesmo que provavelmente eu nunca vá saber que significado é esse.

Não me surpreende que história e geografia não representassem nada para Mary quando ela tinha aulas em Sandpiper. Ela parece não dispor da necessária estrutura conceitual, seja lá qual for, que sustenta a habilidade de fazer generalizações sobre o mundo ou sobre a "vida". Mary vivencia na pele que se leva mais tempo para chegar a alguns lugares do que a outros, mas ir dessa experiência pessoal para ideias generalizantes sobre o espaço geográfico ou apreender conceitos como "perto" e "longe"; entender conceitos sobre a realidade, como "Terra", "continentes", "raça humana", que não podem ser vividos de forma direta e que só podem ser aprendidos por meio de palavras — isso é um enorme, e aparentemente intransponível, obstáculo. Até certo grau, tais conceitos precisam ser ensinados. Se, como Miranda de *A tempestade*, de Shakespeare, uma pessoa crescesse isolada em uma ilha, ignorante de todos os outros seres que não ela própria, seu pai, Caliban, Ariel e os espíritos da ilha, seria necessário ensinar a essa pessoa que há mais no mundo do que só isso. Supõe-se, porém, que a *habilidade* de entender tais fatos seja inata. Já com dois anos a maioria das crianças consegue traçar paralelos entre suas experiências e as experiências dos outros e começar a entender que, mesmo quando o outro não é visível, ele existe em algum lugar. Mary com certeza entende que quando alguém está "longe" ela não vai ver essa pessoa. Mas conceitos como "real" ou "em outro lugar" provavelmente não significam quase nada para ela. A ideia de que quando as pessoas não estão presentes ou quando não estão em comunicação conosco elas estão vivenciando sua realidade em algum outro lugar pode lhe ser tão incompreensível quanto para um bebê de seis meses. Da mesma forma, parece provável que para Mary, assim como para uma criança do maternal, a distinção de se algo é "real" ou apenas uma "história" é irrelevante, exceto quando o que é real é vivenciado naquele momento. Embora ao longo dos anos ela tenha aprendido o que esperar em seu mundo, isso não quer dizer necessariamente que ela saiba o que é plausível em outro lugar. Minha crença é de que a aula de geografia sobre a Terra poderia muito bem ser uma aula sobre a geografia da Terra Média.

Mary possui alguns talentos e forças inconfundíveis — lidar com números (contar, fazer cálculos, visualizar o calendário com anos de antecipação); aprender e tocar músicas que só ouviu uma vez; uma memória de elefante para pessoas, coisas e rotinas. Ela gosta do que é familiar e conhecido com uma tenacidade quase feroz. Como eu, quando faço e refaço a mesma rota em uma estrada até que ela se torne familiar o suficiente para que eu consiga relaxar, Mary, quando "persevera" em algo novo, frequentemente parece estar não apenas repetindo o que lhe é dito, mas confirmando-o, ligando-o a outras coisas que ela sabe, criando elos para certezas. Não posso deixar de pensar que essa necessidade dela por certezas se origina de uma sensação de confusão não de todo diferente da minha quando viajo — a experiência de ser dominado por impressões e sensações. Porém, ela também consegue se adaptar. Quando há uma mudança de expectativas, Mary parece repassar mentalmente essa mudança inúmeras vezes até ela se tornar sua nova expectativa.

Enterrados na escrivaninha de minha mãe junto com contas antigas do Gristedes e das lojas B. Altman,* fotografias e números de telefone garatujados em pedaços de papel, encontro, espalhados, documentos que pertencem a Mary.

Com oito anos, um pouco antes de ser mandada para Sandpiper, vejo que ela foi minuciosamente examinada por uma psi-

---

* Gristedes é uma rede nova-iorquina de pequenos mercados e B. Altman, lojas de departamentos de Nova York. (N. T.)

cóloga infantil chamada Minna M. Genn, amiga e colega de Herta Wertheim. Naquela época, Genn escreveu que Mary era "considerada uma criança autista ou uma criança com um desenvolvimento atípico". Escreveu que Mary ficava repetindo o nome "Herta" na sala de espera e que quando a psicóloga foi apresentada como "amiga de Herta", Mary ficou repetindo: "Herta", "amiga de Herta", "amiga de Herta, Minna". Genn elogiou a cooperação de Mary no teste, mas disse que frequentemente ela não conseguia responder às perguntas e então as repetia, "murmurava algum som incompreensível" ou apenas repetia "uma de suas frases perseverantes":

> Quando ela não respondia, tinha-se a impressão de que não estava entendendo de verdade o que a examinadora lhe pedia. Em casos como esse, era como se ela estivesse em outro lugar e nem tivesse ouvido o que a examinadora lhe dissera.
> [...] Mary variava entre não olhar de forma nenhuma para a examinadora ou cutucá-la curiosamente do jeito que uma criancinha faz. Parecia gostar de contato físico com a examinadora e se punha a fazer carinhos com as mãos. Era possível conseguir um sorriso de Mary repetindo alguns de seus sons incompreensíveis.

No teste que administrou, ela descobriu que "o maior fracasso de Mary" era na "área da comunicação" e que ela podia executar várias tarefas autoexplicativas ou que apenas exigissem que ela imitasse a examinadora; no entanto, era completamente incapaz de seguir instruções verbais. Por exemplo:

> Quando pela primeira vez lhe foi dado um lápis e pedido que ela desenhasse o que quisesse, Mary só fez rabiscos. Mas quando os cartões Bender-Gestalt foram apresentados e lhe foi solicitado que os copiasse, ela surpreendentemente teve um desempenho à altura.

[Entretanto] ela fazia suas cópias a esmo, e a única razão pela qual uma está separada da outra é porque a examinadora foi apontando em que lugar na página Mary deveria desenhar.

De forma semelhante, ela acatava o pedido para desenhar figuras humanas. Embora de início alguns detalhes das figuras parecessem insignificantes, muitas vezes podia-se discernir a intenção por trás desses detalhes. Em geral, porém: "Há uma falta total de lógica e planejamento em seu trabalho. A percepção de Mary, como aqui demonstrado, é essencialmente caótica. Ela não seria capaz de separar, no seu ambiente, o que é importante do que é irrelevante".

Em resumo, Genn escreveu que Mary "apresenta muitas características distintivas da criança autística: incapacidade de se comunicar, contatos interpessoais limitados e fala repetitiva. Suas ações motoras marcadamente incontroláveis sugere que possa haver alguns fatores orgânicos em seu distúrbio".

A súbita referência a "fatores orgânicos" sugere que para Genn, assim como para muitos médicos da época, apenas deficiências de coordenação e habilidades motoras tinham inegavelmente origem orgânica. Os traços no comportamento de Mary que indicavam autismo e talvez até mesmo baixo funcionamento intelectual (que ela chamava "limítrofe entre um grau médio e um nível de deficiência mental moderada") poderiam ser resultado de problemas emocionais potencialmente curáveis.

Como Jean Itard escreveu no final do século XVIII, bebês começam a vida com o que parece ser uma sensibilidade quase "universal" em relação ao que está à sua volta, experimentando o que ele chamou de uma espécie de "aprendizado dos sentidos". Eles se sobressaltam ao menor barulho, querem provar, tocar e derrubar no chão qualquer objeto que possam pegar. Os sentidos de uma criança pequena "estão em todo lugar, até mesmo naquelas coisas que não têm ligação com suas necessidades". Acabamos aprendendo a decifrar o mundo hierarquizando nossas impressões. Alguns sentidos se tornam cada vez mais sutis, enquanto outros se perdem. Os sentidos de qualquer animal são calibrados de forma distinta, refletindo suas necessidades básicas. Seria possível esboçar os sentidos animais do mesmo modo que alguém representa as formas de onda de um harmônico que distinguem os timbres de diferentes instrumentos musicais.

Parece que, do ponto de vista sensorial, indivíduos autistas frequentemente estão num comprimento de onda próprio, ainda que estejam alheios a algumas impressões priorizadas pelas pessoas "normais" ou dominados por estímulos que a maioria de nós nem sequer percebe e incapazes de se sintonizar com eles ou de decifrá-los. É como se o ato de focar a atenção que ocorre com a maioria das pessoas não acontecesse do mesmo modo nos autistas. Mas suas respostas parecem não ser consistentes nem mesmo dentro de seu grupo. Alguns ainda se sobressaltam como bebês com barulhos altos; outros, apesar de ouvirem perfeitamente bem, nem sequer parecem percebê-los. A única certeza é que pouco do ambiente humano "neurotípico" é projetado tendo em mente a percepção de uma pessoa autista.

Os textos de Gunilla Gerland com certeza sustentam isso, revelando um submundo de sensações e sensibilidades estranhas que mostra a lógica por trás de suas respostas e evasivas e explica sua extraordinária necessidade de rotina. Ela expressa como é não ter a capacidade mental de categorizar e contextualizar muitos aspectos da experiência a não ser da maneira mais limitada. Embora, quando criança, ela fosse capaz de memorizar uma página inteira de um livro num relance (habilidade que ela partilhava com Kim Peek, que serviu de modelo para o personagem de Rain Man no filme de mesmo nome), ela nunca conseguia se lembrar de rostos, e por muitos anos não entendia que uma pessoa vista em um cômodo era a mesma pessoa em outro cômodo. Na verdade, ela não conseguia entender por que as pessoas eram mais importantes do que os objetos, e no início de sua vida era mais ligada ao encosto de uma cadeira do que a seus pais. Como Grandin, que fornece vários exemplos da literalidade de seus processos mentais em seu livro *Thinking in Pictures*, ela só entendia significados por meio de experiências concretas, e lhe faltava a habilidade de seguir instruções verbais. Ela só conseguia aprender a fazer coisas fazendo-as ou tendo sua mão de fato guiada no ato de fazê-las.

Gerland dá detalhes dos muitos tipos de sensibilidades e da igualmente surpreendente falta de resposta que distingue as experiências internas de pessoas autistas das de outras pessoas. Ela descreve sua audição superior de uma maneira que a faz parecer similar à audição espetacular de gatos e cachorros. Quando era criança e ia à escola, essa audição minuciosa e afinada impossibilitava a organização de sons em uma hierarquia: "A tagarelice da professora era um pano de fundo para outros barulhos em meus ouvidos — o amassar de papéis, cadeiras sendo arrastadas, tosse. Eu ouvia tudo. Os sons deslizavam uns sobre os outros e se fundiam".

Gerland vivenciou a aula de marcenaria como uma espécie de caótica tortura sonora, como ouvir dez sinfonias sendo tocadas ao mesmo tempo no volume máximo. Embora fugisse dessa tortura, ela era punida pela professora. Temple Grandin descreve uma agonia similar de confusão em ambientes barulhentos.

Muitas crianças com a síndrome de Kanner foram descritas como tendo ojeriza a máquinas e mais particularmente a seus sons: "Ele tem medo de coisas mecânicas; foge correndo delas.

Costumava ter medo de batedor de ovos, fica totalmente petrificado com meu aspirador de pó".

Hans Asperger, de forma semelhante, catalogou todo um espectro de sensibilidades observadas em seus pacientes em 1943:

> Muitas crianças têm uma aversão anormalmente forte a algumas sensações táteis específicas, por exemplo, veludo, seda, algodão, lã ou giz. Não conseguem tolerar a aspereza de camisetas novas ou de meias remendadas. Cortar unhas muitas vezes causa ataques de mau humor. Água corrente também pode ser uma fonte de sensações desagradáveis e, portanto, de cenas desagradáveis. No hospital observamos uma hipersensibilidade tão forte na garganta que a inspeção diária e rotineira com a espátula se tornou um procedimento cada vez mais difícil. Também há a hipersensibilidade a sons.

Quando penso na atenção que Mary dedicava à comida e lembro que a primeira vez que meus pais perceberam que ela era diferente foi por causa de seu repetido hábito de, com seis meses, "levar as coisas até o nariz e cheirá-las", é tentador pensar que ela tem um olfato e um paladar particularmente sensíveis. Itard observou uma "incomparável delicadeza" nessa faculdade de Victor, seu "menino selvagem de Aveyron", que tinha o "hábito de farejar qualquer coisa que lhe fosse dada, até mesmo coisas consideradas inodoras", como "pedregulhos e pedaços de madeira seca". Como um cachorro, ele às vezes reconhecia as pessoas mais pelo cheiro do que pela visão. Itard relata a ocasião em que Victor se perdeu na cidade e foi procurado por sua governanta. Ele não a reconheceu quando a viu fora de contexto, mas concordou em segui-la até em casa depois de ter "cheirado seus braços e suas mãos duas ou três vezes", momento em que demonstrou prazer em reconhecê-la.

Grandin expressa o paradoxo de ao mesmo tempo ansiar pelo toque humano e não conseguir tolerá-lo. Só depois que li seu livro, *Emergence: Labeled Autistic* [Emergência: Rotulada de autista], aos cinquenta anos, me dei conta de que Mary resistia fisicamente a abraços muito fortes, e que sempre fora assim.

Nossa mãe era afetiva de um modo feroz — para ela, era quase uma questão de princípio abraçar todo mundo que encontrava, a menos que houvesse uma razão inequívoca para não fazê-lo; já nosso pai exibia uma tendência a evitar contato físico. Por respeito, ele dava às pessoas bastante espaço físico, mas também era demasiadamente cauteloso com germes e contágio. Apesar de sua natureza apaixonada, ele parecia desconfortável com demonstrações físicas de afeto. Costumava andar por aí de um jeito introvertido, e na companhia de um grupo de homens — que em geral tendiam a ser mais altos e de compleição mais forte que a dele — parecia sentir-se ligeiramente ameaçado pela proximidade física deles. Dar tapinhas nas costas ou fazer algumas grosserias típicas entre homens não podia ser mais distante do seu estilo. Sempre parecia mais à vontade na presença de mulheres e sempre se ruborizava de leve pelo prazer da companhia delas. Mas ainda assim era contido do ponto de vista físico.

Nossa mãe o encorajava a fazer o que aparentemente o pai dele não fizera, e aprender a nos abraçar e a nos dar um beijo na bochecha. Os abraços que ele distribuía em deferência a ela tendiam a incluir um suave tapinha nas costas, seguido de um piscar de olhos, e a ter um jeitão um pouco parodístico, como se fossem a distribuição de alguma coisa. Ele não chegava a nos beijar no rosto. Oferecíamos o topo da cabeça para uma bicada cerimoniosa.

Era uma boa ideia, e nossa mãe tinha razão de encorajá-lo. Mas tornava fácil perder de vista que quando nossa irmã nos oferecia o alto da cabeça para ser beijado, ou quando resistia um pouco a um abraço vigoroso demais, ela não estava só demonstrando o estilo de afetividade do nosso pai. Embora ela frequentemente pegasse nossa mão ou nosso braço quando fazia uma pergunta e olhava para nós, e com certeza parecia aceitar de pronto que sua mão fosse pega, havia uma espécie de rigidez no seu tato, que o fazia parecer impessoal e limitado. O tipo de beijo na bochecha que ela parecia tolerar bem era o beijo que ela podia controlar. Às vezes pegava o rosto da nossa mãe pelas bochechas e cuidadosamente plantava um beijo lá, como um funcionário dos correios carimbando uma carta.

Assim como Itard conta em sua *Mémoire* sobre a falta de reação de Victor quando um rifle foi disparado junto a seu ouvido, muitos observaram que indivíduos autistas podem às vezes ser tanto *hipossensíveis* (ter uma falta anormal de sensibilidade para algumas coisas) como *hipersensíveis*. Gerland conta detalhes de seus déficits visuais e de sua insegura noção de espaço. Ao escrever sobre como sua visão fica comprometida no escuro, ela diz: "Meus olhos nunca se acostumavam a ele. À medida que ia ficando mais escuro, tudo ficava mais cinza, até que era como se eu estivesse olhando uma televisão depois que os programas tivessem terminado — uma espécie de escuridão muito cinza, que me fazia perder o senso de direção".

Gerland também descreve sensações físicas que a maioria de nós nem consegue imaginar:

> Durante toda a minha infância e adolescência, sofri de um arrepio quase constante na espinha. Às vezes o arrepio piorava, às vezes ele ficava bastante quieto, de modo que era possível viver com ele. Era como a sensação que se tem antes de espirrar, mas como se ela tivesse sido congelada e ficasse suspensa na minha medula, transformando-se em algo permanente.

A despeito de sua precoce descoberta da leitura e de sua memória fotográfica para registrar a imagem de cada página de um livro, ela sempre se esforçara para vocalizar palavras. Essa luta fazia com que, compulsivamente, emitisse "um som a meio caminho entre o pigarro e a deglutição":

> Quando eu não conseguia me conectar com meu sistema nervoso de forma a fazer minha voz executar a ordem de falar que eu havia emitido, eu sentia como se minha voz tivesse desaparecido. Eu me preocupava que um dia não fosse ter mais nenhuma voz [...] então eu fazia aquele som o tempo todo. Eu o fazia para me assegurar de que minha voz ainda estava lá.

O autismo reúne alguns aspectos do transtorno obsessivo-compulsivo. Pessoas autistas não conseguem não repetir ações — movimentos como inclinar-se para a frente e para trás, girar ou bater palmas — ou não repetir frases já ditas e sons, e estão sujeitas a preocupações obsessivas mais gerais: com comida, trens, números. Mary claramente se preocupa com comida, com datas comemorativas e em manter o controle sobre o que esperar no seu mundo imediato. Ao mesmo tempo, apresenta vários hábitos repetitivos que equivalem a minúsculos rituais, embora o gingado que eu lembro da infância, tão comum em pessoas autistas, não seja um deles. Quando caminha, ela frequentemente conta os passos e em seguida os repete. Às vezes dá três passos e depois bate três vezes na parede. Ela também parece ter um sistema de contagem similar para beber água no bebedouro.

Há muito tempo Darwin observou que as expressões físicas de emoções nos humanos costumam ser remanescentes de movimentos corporais surgidos como forma de adaptação ao processo evolutivo. A boca aberta e os olhos escancarados de surpresa, por exemplo, derivam da nossa necessidade de inspirar o máximo de oxigênio possível e de enxergar o máximo possível quando surpreendidos por uma ameaça. Nossos comportamentos físicos involuntários, portanto, são fortes indicativos do estado de nossa mente e de nosso corpo. Nos animais, comportamentos repetitivos que podem parecer inúteis e inusuais (chamados "estereotipias") são associados com estresse e confinamento. Tigres, leopardos e elefantes caminham de um lado para o outro no confinamento de jaulas de zoológico; muitos animais se lambem compulsivamente quando estão famintos ou ansiosos. A lista de tais comportamentos nos animais é extensa. Uma das teorias sobre as estereotipias físicas de pessoas autistas é que tais manifestações são necessárias para restaurar o senso de equilíbrio físico delas, compensando uma inquietude e um caos interno tão intensos que só um movimento regular externo e hipnótico como o balançar de um berço pode abrandá-los.

Talvez o mesmo tipo de origem esteja por trás das preocupações mais gerais dessas pessoas. Oliver Sacks, em um vídeo sobre o autismo intitulado *Rage for Order* [Ânsia por ordem], em que discute a necessidade humana universal de tornar administrável a potencialmente infinita complexidade da realidade, aponta a diferença entre a descoberta gradual da pessoa comum de "uma ordem no mundo" e a necessidade que o autista tem de impor a ele um sistema de "ordenamento particular". "Todos nós precisamos tirar algum sentido do mundo", ele comenta, "para torná-lo inteligível, comunicável e suportável." Para indivíduos autistas, isso pode significar rotinas elaboradas e rituais que pareçam preencher a função que trabalho, hobbies ou passatempos têm para os não autistas. Essas rotinas são extremamente individualizadas e variadas, e ainda mais intrigantes quando não acompanhadas de nenhuma explicação verbal. Algumas coincidem, em parte, com as rotinas de colecionadores e entusiastas. Por exemplo, um dos pacientes de Kanner ficou obcecado com as capas da revista *Time* e acumulou uma coleção completa delas em ordem cronológica. Em muitas pessoas autistas, a necessidade de repetição parece se combinar com uma extraordinária noção — e memória — de padrões organizacionais.

No filme de Oliver Sacks, um menino é visto assistindo à mesma parte de um vídeo uma vez após outra, sempre parando o controle remoto na mesma imagem congelada do rosto de uma menina. O próprio menino reconhece a estranheza de executar esse ritual todos os dias por muitas horas, e não consegue explicá-lo. Um garoto indiano que não fala encontra um "céu no mundo dos números" e murmura enquanto preenche infindáveis folhas de papel com complexos problemas matemáticos que ele resolve sem nenhum esforço. Suas pinturas de constelações de estrelas são corretas do ponto de vista astronômico.

Elly Park, uma menina autista de doze anos que foi objeto de alguns livros e estudos realizados por seus pais, o professor David Park e sua mulher, Claire Claiborne Park, inventou um complexo sistema unificado que combinava números primos, a exata posição do sol e da lua e o número de nuvens no céu em determinado dia, suas próprias experiências daquele dia e outros elementos reais e imaginados de forma a organizar seus humores e as regras que ela seguia para se alimentar. (Por exemplo, o nível exato de suco que ela punha em seu copo em um dia específico dependia do conjunto de aspectos daquele dia.) Ela tinha sua própria linguagem para os dias, o que incluía 29 variedades deles (23 reais e seis fictícias), e sua própria maneira de calcular qual tipo de dia era. Alguns nomes de dias criados por Elly: "dianada", "dianuvempreta" e "dialugarmúsicaalta". Tudo isso tinha uma forte coerência interna, mas pareceria totalmente arbitrário até mesmo para um observador atento. Não fosse o fato de os pais de Elly estudarem seu comportamento de forma sistemática desde sua tenra infância e seu pai ser um físico com habilidades matemáticas necessárias para decodificar as complexas computações que Elly era capaz de fazer espontaneamente na cabeça, ninguém jamais conheceria esse sistema.

No estudo dos Park, consta uma passagem divertida que descreve um incidente ocorrido quando o convidado de um jantar se serviu de sua porção de salada antes de Elly e foi brindado com gritos e lágrimas que duraram quase meia hora. O convidado não sabia que a salada havia sido preparada de acordo com especificações de Elly e que ela precisava ser a primeira a prová-la, quando o número de ingredientes ainda estava exatamente certo. Por causa de seu estudo, os Park sabiam que por trás do que a maioria das pessoas definiria como um irrelevante ataque de mau humor estava escondida uma lógica matemática. De fato, para reverter mentalmente o dano e restaurar a ordem matemática, Elly se acalmava fazendo uma série progressiva de multiplicações e divisões que culminavam em

$$\begin{array}{r} 5300530 \\ 37 \overline{)\,196119610} \\ 37 \overline{)\,7256425570} \end{array}$$

Os Park guardaram o trabalho da filha e dedicaram uma página a explicar o significado matemático das operações realizadas por ela.

Elly criou sistemas diferentes em momentos diferentes de sua vida. Uma vez esquematizados, eles dominavam seus humores e suas ações e, aparentemente, seus pensamentos. Novos sistemas substituíam velhos sistemas à medida que ela envelhecia. Seu entusiasmo com números começou de súbito, quando ela tinha doze anos, depois que sua mãe lhe ensinou frações. Elly logo se tornou adepta da fatoração. Ela também atribuiu nomes e caracteres específicos a uma série de quarenta números inteiros de vários tamanhos, dos pequenos até os muito grandes (7 256 425 570). De um lado, havia números que produziam nela tanta felicidade que ela nem pronunciava seus nomes; de outro, havia os números "maus", como o 75, que, se visto numa placa de carro, recebia um chute certeiro. O que é duplamente notável em tudo isso é que Elly sofria de uma afasia extrema: falar de forma inteligível era muito difícil e doloroso para ela. Ainda assim, ficava visivelmente contente quando alguém lhe perguntava sobre o sistema de seu dia. As primeiras explicações que deu sobre isso com doze anos foram amplificadas anos depois, quando sua fala melhorou e ela passou a ter outras preocupações. Os Park escreveram sobre "as fortes mudanças nas emoções de Elly enquanto o sol vinha e ia embora" e "o trêmulo entusiasmo" com que ela enchia seu copo de manhã; eles a descrevem correndo de janela em janela para seguir a trilha da luz da lua e as sombras produzidas por ela, e suas lágrimas quando ela desaparecia atrás de uma nuvem. (A lua, à qual ela atribuiu o número 7, era excitante demais para ser chamada pelo nome; Elly só a chamava de "alguma coisa atrás da árvore".) "Fica claro", eles escrevem, que "muitas ações das pessoas à sua volta e a maior parte de seus interesses e preocupações nada significam para ela. É nossa conjectura que o sistema [...] representa o esforço de Elly para preencher sua deficiência por meio do estabelecimento de seu próprio tipo de significado."

Nem todo mundo no espectro autista necessariamente organiza o mundo de forma tão intrincada. Um autista de 31 anos chamado Jerry, diagnosticado primeiro por Kanner e mais tarde pelo mesmo médico que diagnosticou Mary, o dr. William Langford, foi entrevistado no final dos anos 1970, época em que conseguiu um emprego que requeria apenas a habilidade de fazer cálculos e um mínimo de interação humana. Ele é descrito em um artigo de

1979 como tendo uma aparência uniformemente monótona, sem nenhum sinal de que tivesse uma rica vida interior como a descrita no caso de Elly Park. Ele recordava sua infância de "confusão e terror", na qual a imprevisibilidade e a estranheza do comportamento humano — na verdade, o comportamento de qualquer ser vivo — tornavam insuportável a maioria de suas atividades diárias. Ele aprendera a falar com três anos, e quando o fez passou a falar bastante, mas apenas consigo mesmo, e raras vezes para comunicar algo. Com quatro anos, encontrou conforto no ato de girar objetos e copiar artigos do jornal ou textos de rótulos de caixas e latas. Tinha uma memória extraordinária e recitava para si mesmo longas listas de preço de produtos de mercearia de que se lembrava. Com cinco anos, seus desenhos eram todos de relógios e rádios. Era extremamente sensível a sons e cheiros. Exigia um tipo de ordem em casa que fazia seus pais e irmão se sentir tiranizados, e disso resultou que ele foi mandado para uma clínica com dez anos. Na clínica, sentia-se mais feliz resolvendo problemas aritméticos ou examinando mapas sozinho. Quando voltou para casa, com doze anos, tentou participar da vida na escola, mas foi socialmente marginalizado. Já adulto, continuou a ser cuidado pela mãe e permaneceu uma criatura metódica. Demorava duas horas para tomar banho "porque ele precisa colocar o chuveirinho, o tapete do banheiro, a cortina etc. de um modo interligado e depois lavar-se de uma forma predefinida". Ainda assim, suas habilidades sociais haviam melhorado a ponto de ele conseguir um emprego.

O insight de Kanner foi sugerir que indivíduos autísticos como Jerry sentem que tudo que não seja suas atividades obsessivas são uma *intrusão*, um lapso no que Sacks chamaria de "paraíso" da ordem. Mas a natureza do ordenamento de vida de cada pessoa é única, e as origens disso são em geral um quebra-cabeça sem solução.

* * *

    Suponho que Mary nunca foi um quebra-cabeça para si mesma. Mesmo com todo o sofrimento por que passou, não há nunca um sinal de que ela gostaria de ser diferente do que é ou de que tenha consciência de existir uma maneira de ser humana considerada "normal" e que os "normais" a consideram "anormal". O título do livro de memórias de Gunilla Gerland em que ela conta seu crescimento, *A Real Person*, originou-se do seu desejo na infância de poder experimentar o mundo da mesma forma que os outros, portanto de se comportar mais como eles, e por fim ser aceita e não mais rotineiramente maltratada. Tendo crescido sem uma compreensão instintiva de muitas coisas que os outros consideravam corriqueiras e sofrendo por causa de sensibilidades que os outros pareciam não ter, ela desejava ser "uma pessoa real". A despeito de sua luta com a fala, ela era altamente verbal, de maneira inata. Em última análise, foi a palavra escrita que a salvou. Até meados dos seus vinte anos, quando leu uma descrição de pessoas com características autistas em um livro que encontrou na biblioteca, nenhum médico, nem mesmo seu próprio terapeuta, jamais havia considerado que seu problema fosse neurológico. Depois que sua descoberta do conceito de autista a levou a buscar uma psicóloga infantil especialista nessa área e de ela ter sido afinal diagnosticada (como "uma mulher com autismo de alto desempenho"), ela pôde finalmente obter uma noção suficiente sobre seu estado marginalizado para começar a emergir de sua profunda depressão. Com a nova compreensão, suas habilidades de comunicação se aprimoraram e ela começou a participar de fato do mundo humano, tornando-se por fim uma autora e palestrante sobre autismo.

    Mary parece não ter o talento verbal de Gerland. No entanto, Gerland era praticamente não comunicativa em seus primeiros anos. E se Mary tivesse permanecido em casa ou se tivesse podido ficar para sempre em Sandpiper? Será que sua habilidade de se comunicar teria melhorado? Na ausência de seu relato da experiência, como é possível alguém sequer começar a "diagnosticá-la"? Como é possível alguém algum dia entender o modo segundo o qual ela é uma pessoa inteira, e humana, apesar de suas deficiências?

Testes de Q.I. e de compreensão parecem revelar os limites do entendimento de Mary e situar suas habilidades dos reinos verbal e matemático em algum lugar do nível da escola primária — ou, para dizer de forma técnica, na "categoria levemente retardada". Mas, consideradas suas limitações sociais e de comunicação, será possível ter certeza de que esses testes tenham de fato registrado os limites de seu potencial "intelectual"? Quando Mary se recolhe no silêncio ou explode numa crise, ou fala consigo mesma, o que está acontecendo com ela? Será que ela também é psicótica além de autista? Será que sente alguma dor física? É dominada por sensações bizarras e por reações que não consegue verbalizar? E como sua insondável vida interior pode ser avaliada a fim de determinar se ela está "imaginando" coisas que a incomodam — sugerindo psicose, alucinações — ou apenas respondendo a sinais que aqueles que são mais neurologicamente "normais" não percebem? De qualquer forma, onde se situa o limite entre traços de personalidade únicos e "doença mental"? Quem pode garantir que ela funcionaria "normalmente" não fosse por uma condição subjacente chamada — no atual estágio da história da medicina — de "autismo"? Como todo mundo no espectro autista, Mary tem uma necessidade vigilante de "mais do mesmo". Mas será que isso faz parte do seu "autismo" ou é apenas uma versão exagerada de uma característica de família que uma olhada na rotina de seus pais e de seus dois irmãos revelaria ser uma tendência compartilhada? Ou será que se trata das duas coisas — um defeito mais profundo em seja qual for a característica genética que está por trás da "necessidade de mais do mesmo" encontrada também no resto da família?

Entre as coisas de minha mãe, há anotações de uma avaliação psicológica anterior de Mary em Briarcliff, contendo as seguintes observações:

1. Comportamento impulsivo, agressivo: entrou no consultório, sentou em uma cadeira de rodinhas, tentou abrir valise.
2. Demanda repetitiva, primitiva por comida (embora só 10h30) com muito pouca tolerância para frustração. Agitação e respostas frenéticas, difícil de acalmar.
3. Rituais bizarros e inapropriados: beijar o braço direito, beliscar o braço direito.

É difícil detectar qualquer "agressão" no comportamento apontado na primeira observação. Se confrontados com várias opções de cadeira, muitos de nós com certeza escolheríamos a que nos parecesse mais confortável ou mais interessante. Podemos imaginar que Mary não entendeu que não tinha essa escolha. A curiosidade demonstrada nas suas tentativas de abrir a valise parece indicar para onde foram seu interesse e sua atenção — ou seja, não para o entrevistador. Para uma criança na situação dela, tentar abrir a valise seria considerado absolutamente "normal". Em vez de apenas dizer que seu comportamento foi impulsivo, por que não dizer que foi, no que se refere a isso, não muito diferente do comportamento de qualquer criança pequena? Pode ser atípico e incongruente uma mulher adulta reagir dessa maneira, mas não é algo agressivo nem particularmente impulsivo.

Qualquer um que tenha criado uma criança reconhece o bebê na "demanda primitiva de Mary por comida [...] com muito pouca tolerância para frustração". Diferentemente de um bebê, que só tem a linguagem dos sons e do choro para sinalizar seu descontentamento, na idade que ela tinha quando essa entrevista foi feita Mary já havia aprendido a linguagem de pedir comida, a esperar pelas refeições em horários regulares e a ter paciência. Mas também aprendera que petiscos eram fornecidos em momentos inesperados e que às vezes poderiam ser oferecidos para acalmá-la quando estava perturbada. Talvez, como qualquer pessoa em um ambiente estranho ou numa situação de estresse, ela tivesse pegado um cigarro ou um chiclete, ou uma xícara de café, se tivesse a independência de um adulto médio. Talvez ela tivesse pedido comida como uma maneira de lidar com o estresse causado pela própria entrevista.

Ou possivelmente se tratava apenas de uma de suas repetitivas expectativas por comida ("Sanduíchesdepastadeamendoimegeleiadealmoço"), e sua "frustração" resultasse do fato de que o entrevistador, sem conhecer suas rotinas, não confirmou o cardápio do almoço. De todo modo, como o entrevistador poderia distinguir a diferença entre o comportamento rotineiro de Mary e a maneira de ela agir numa situação específica?

Qual o significado de Mary beijar e beliscar seu braço direito? Essa atividade "bizarra" não precisa ter uma causa? Poderia ser uma resposta a uma sensação física estranha como as que Gerland descreve? Ou talvez algum mecanismo reproduzindo um momento de sentir dor vivido há muito tempo e em seguida o de um beijo maternal e tranquilizador?

Na época em que Mary e eu éramos crianças, o autismo era considerado uma doença infantil. Quando crianças diagnosticadas com "autismo infantil" cresciam, elas recebiam o diagnóstico de "esquizofrênicas". O diagnóstico de Mary envolveu aspectos de esquizofrenia por volta de 1966, época de sua internação em Briarcliff, quando seu comportamento estava sendo visto como cada vez mais volátil. Na década seguinte, a medicação para controlar seus estados mais atormentados foi sendo aos poucos aumentada. Em 1976, ela estava tomando duas medicações antipsicóticas, Stelazine e Thorazine. A essa altura, seu diagnóstico dizia: "Há várias designações — de autismo a psicose, a retardo mental brando com prematuridade". O acréscimo de "psicose" pode ser associado ao segundo trecho das observações: "Comportamento severamente discordante: alucinações, gritos, mordidas, conforme descrito". Mais tarde ela passou a tomar Haldol. O Haldol acabou sendo substituído por risperidona. Todas essas drogas implicavam riscos, inclusive os de criar o que se chama de discinesia tardia — movimentos involuntários e bruscos, em geral dos músculos faciais, que se tornam permanentes, mesmo que a medicação seja descontinuada. Com risperidona, o risco é significativamente menor.

Se uma pessoa é esquizofrênica, ela está, por definição, sujeita a alucinações. Mas distinguir entre reações a estímulos do mundo exterior e reações a uma realidade imaginada não é algo simples quando se está lidando com alguém com sensibilidades incomuns. No primeiro inverno em que Mary tomou medicamentos antipsicóticos, fez muito frio e nevou muito. Pacientes de Briarcliff passaram um longo tempo dentro do prédio, o que era incomum. Isso mudou as condições de vida de Mary e pode ter criado estímulos externos que a perturbaram. Mary ficou muito alterada naquele inverno. Houve preocupações com sua tendência a se ferir — morder compulsivamente o braço e apertar faixas, como habitualmente fazia, em torno dos dedos até haver o risco de interromper a circulação neles. Às vezes ela também enfiava coisas na vagina. Mas é difícil imaginar como um observador poderia determinar se ela estava sofrendo de alucinações visuais ou auditivas. Em um caso como esse, em que houvera uma mudança inesperada nas condições sociais e de vida, o que poderia parecer uma psicose, visto de fora, podia ter toda uma lógica interna. Nas minhas conversas com o dr. Trombly, ele tendeu a concordar comigo que a "desordem esquizoafetiva" pode de fato não ser a melhor forma de descrever a condição por trás dos rompantes e das oscilações de humor de Mary — é bem provável que suas repentinas explosões de susto ou de ansiedade tenham alguma relação lógica com a realidade, disparadas por elementos ambientais que outras pessoas não percebem. Essa percepção é, num certo sentido, um dom inexplorado, e sem dúvida assim continuará sendo.

Converso com o dr. Alexander Westphal, um psiquiatra infantil e de adolescentes de New Haven e cujo foco é indivíduos com desordens do espectro autista. Ele me conta sobre o trabalho de seus colegas Ami Klin e Warren Jones, do Centro de Estudos Infantis de Yale. O dr. Klin e o dr. Jones têm estudado o que atrai a atenção visual de indivíduos autistas ao verem cenas naturalistas, recorrendo para isso a filmes que vão desde *O balão vermelho* até *Quem tem medo de Virginia Woolf?* e a um equipamento que avalia a direção do olhar. "Esse trabalho sugere que pode não haver exagero em dizer que eles veem um mundo inteiramente diferente do que um neurotípico", Westphal me diz. "Por exemplo, ao assistir a *Quem tem medo de Virginia Woolf?* uma pessoa 'normal' pode se focar na maneira como os personagens interagem, observando olhares, seguindo meneios de cabeça etc. Já um indivíduo com autismo pode passar inteiramente por cima dessas informações, concentrando-se em maçanetas, nos ricos detalhes de fundo do filme. A poderosa conclusão dessa pesquisa", continua Westphal, "é que o mundo de uma criança com autismo pode desde muito cedo ser construído sobre essas coisas, e a derradeira fenomenologia do autismo pode ser resultado dos efeitos cumulativos disso [...] uma trajetória de desenvolvimento orientada para longe do social e levando, nas palavras do dr. Klin, a uma 'topologia da saliência' inteiramente diferente. Se esse for o caso, eu diria que uma intervenção precoce e agressiva com foco no reforço dos sinais sociais pode ser eficaz."

Pergunto-lhe sobre se a perturbadora série de terapias oferecidas hoje aos autistas é eficaz. "Bem, algumas não estão comprovadas e são extremamente perigosas, como quelação e esteroides. Outras, como a ACA (análise de comportamento aplicada), podem se mostrar eficazes em fazer com que crianças aprendam a interagir socialmente. Mas pode ser penoso observar esses exercícios insistentes e repetitivos — 'Olhe nos meus olhos, Johnny. Muito bem' — vezes sem conta. É uma espécie de treinamento intensivo de boas maneiras, e é fatigante, porque o objetivo pode não fazer sentido para as crianças. Simplesmente não é algo intuitivo para elas; não está na natureza delas olhar você nos olhos."

Digo a Westphal que muitas vezes me pergunto como teria sido minha infância se Mary tivesse permanecido em Nova York. Na época da minha infância, não havia "grupos de apoio" para famílias com membros com deficiência mental. Havia poucos "lares grupais" para aqueles com retardo. Havia poucas opções para pais de crianças com problemas tão severos quanto o de Mary — a não ser a internação. Ele concorda que agora é diferente, que os recursos para manter um lugar como Briarcliff se esgotaram e foram transferidos para cenários parecidos com lares, onde os residentes vivem numa casa de talvez seis residentes, acompanhados por uma ou duas pessoas. O conteúdo de seus dias pode, sob muitos aspectos, ser similar ao de Mary, mas eles vivem em comunidades normais, em vez de enclaves privados. Westphal acrescenta que, como no caso do câncer e de outras doenças, nos anos 1950 uma camada de vergonha e constrangimento recobria o problema de ter um filho com deficiência, o que certamente diminuiu na nossa época.

Minha amiga Betsy Blachly, que é professora de crianças pequenas e também trabalha como musicoterapeuta com crianças autistas em Nova York, concorda que o mundo está começando a olhar para os problemas de pessoas com todos os tipos de deficiência. "Nos anos 1950, praticamente o único modelo que existia era mandar a criança embora. Hoje, aqui nos Estados Unidos, se você tem um bebê com algum tipo de necessidade, há lugares aonde você pode ir em busca de serviços e de auxílio. Essa agora é a lei. Se um bebê nasce sem um braço, você pode conseguir que uma pessoa vá até a sua casa trabalhar com ela a fim de ensiná-la a se sentar e a cuidar de si mesma. Se alguém tem um filho autista, há agências que enviam auxiliares para ir até a casa da pessoa a fim de fazer fisioterapia, sessões de fonoaudiologia e terapia ocupacional e de fornecer aconselhamento à família. Seu pediatra vai ajudar você a solicitar os serviços." Ela me diz que entre os muitos desafios de pais de crianças autistas está encontrar atividades que façam seus filhos felizes quando eles estão relativamente em paz. "No fundo, é por isso que faço musicoterapia. Uma das crianças autistas com a qual trabalho toma lítio. Muitas coisas na vida dela estão fora de ordem. Ir para a escola no ônibus escolar é muito difícil; estar na escola é muito difícil. Mas ela fica muito contente em fazer música. Ela canta e cria narrativas sobre personagens inventados. Quando está fazendo música, o mundo não está fora de ordem para ela."

O dr. Westphal reafirma que fardo tais crianças podem significar para suas famílias, inclusive para os irmãos, e observa que conflitos entre os pais sobre como lidar com crianças com deficiências mentais, particularmente quando elas são agressivas, paranoicas ou violentas, destruíram muitos casamentos. Fico admirado ao ver que, mesmo na época da minha infância, havia famílias que tinham um amor, uma fortaleza e uma habilidade para incorporar tais crianças a seu mundo, em vez de despachá-las para um mundo à parte. É possível que Mary estivesse melhor em Sandpiper e em Briarcliff do que poderia ter estado em Nova York. Porém, de qualquer forma, deixando de lado essa questão, apenas uma família naturalmente mais unida e disposta ao autossacrifício do que a nossa teria tolerado o enorme desafio de educá-la em casa. Considerada a própria fragilidade psicológica de meus pais, as pressões de seu casamento e o temor de que o destino de Mary pudesse engolfar a vida de seus filhos, não me surpreende que meus pais tenham feito a escolha que fizeram. Para que pudéssemos continuar sendo uma família de cinco, todos nós teríamos de aceitar e abraçar o mundo de Mary como parte do nosso mundo. Teríamos de nos tornar até mesmo mais como ela do que já éramos, e reconhecê-la em nós, e teríamos de construir nossa vida familiar em torno dela.

Meu desafio hoje, em meu próprio estágio mais adiantado de vida, é semelhante. Posso me conceder sentir mais uma vez que Mary é parte de mim e que eu sou parte dela? Em seu maravilhoso livro *A Healing Family* [Uma família convalescente], o autor japonês Kenzaburo Oe escreve sobre sua vida com o filho autista, Hikari. Comparando as reações daqueles que repentinamente se veem com uma deficiência como resultado de um acidente às dos indivíduos de uma família que lida com um membro que é deficiente mental desde o nascimento, ele explica que, no segundo caso, não é o deficiente, mas a própria família, que precisa passar por dolorosos estágios de adaptação: do choque para a negação, para a confusão e, em último lugar, depois de muito esforço, talvez para a aceitação.

Precisei aprender por meio de experiências concretas a responder perguntas como de que forma uma pessoa deficiente e sua família podem sobreviver às fases de choque, negação e confusão e aprender a viver com cada um desses tipos específicos de dor. Depois tive que descobrir como poderíamos superar isso em prol de uma adaptação mais positiva, antes de finalmente atingir nossa própria "fase de aceitação" — de fato chegando a aceitar a nós mesmos como deficientes, como a família de uma pessoa deficiente.

Para Oe, o processo pelo qual ele passou, primeiro resistindo ao impulso de fugir de sua família quando seu filho nasceu, para depois concordar com cirurgias para o filho, aprender a viver com ele e incluí-lo em sua vida diária, constituiu a decretação de uma atitude que ele acredita que a sociedade deveria ter. Tanto quanto possível, ele é a favor da integração dos deficientes na sociedade:

> No [...] nível pessoal, posso imaginar um exemplo muito concreto do que acontece com uma sociedade que exclui seus deficientes, ao perguntar a mim mesmo como nós — os Oe — teríamos acabado se não tivéssemos tornado Hikari uma parte indispensável de nossa família. Imagino uma casa desprovida de alegria, onde correntes de ar penetram pelos vãos deixados pela ausência dele; e, depois de sua exclusão, uma família cujos laços se tornam cada vez mais fracos. No nosso caso, sei que foi apenas porque incluímos Hikari na família que de fato conseguimos sobreviver às nossas várias crises.

Os últimos anos da vida de nossa mãe, assim como alguns momentos dos últimos meses de nosso pai, pareceram mais uma vez ilustrar a fragilidade da mente humana. No começo, o declínio dela foi físico, com osteoporose e dificuldade para caminhar. Depois que passou dos noventa anos, ela se tornou cada vez mais curvada mesmo quando de pé e não mais tinha firmeza ao fazer suas curtas e cambaleantes caminhadas pela Quinta Avenida. Certa vez chegou a cair na calçada e precisou ser socorrida por um passante. Ela acabou precisando se apoiar em um carrinho com rodas até mesmo para andar pelos corredores de seu apartamento. Insistia em continuar morando sozinha e preparando a maior parte de sua comida, e fez isso até o dia em que tentou pegar um objeto em uma prateleira alta do armário e de repente sentiu que não conseguia mexer as pernas. Depois disso finalmente concordou em utilizar um andador e ter alguém morando com ela e cuidando dela, uma ideia que antes havia chamado de "um pesadelo".

Não demorou muito até ela começar a passar grande parte do dia em uma cadeira de rodas, recebendo visitas periódicas de um fisioterapeuta que exercitava suas pernas na esperança de que os movimentos voltassem. Depois de um tempo, ela não conseguiu mais se alimentar sozinha. Por alguns anos, e até mesmo enquanto a audição piorava, sua mente continuou aguçada. Ela recebia os jornais e os lia todos os dias. Assistia ao noticiário noturno e reagia com suas típicas observações cortantes. Mas estava terrivelmente deprimida. Não queria ser vista na cadeira de rodas e preferia não ser levada para a rua. Acabou sem vontade sequer de olhar pela janela. Porém, ainda quis passar parte do verão em uma casa alugada em Bronxville que ela sempre adorara. No verão de 2000, enquanto estava lá com uma ajudante e uma amiga da família, ela teve seu primeiro ataque. Paramédicos foram chamados, e eles a entubaram. Em Vermont recebi um telefonema de um hospital informando que ela estava na unidade de tratamento intensivo, inconsciente e com um pulmão em falência, após sofrer um derrame.

Fui de carro para lá numa estirada só, hipnotizado, como fiz quando meu filho Harold sofreu uma concussão em um acidente de esqui bem longe, e quando soube da morte de meu pai. Por mais fóbico que eu seja com viagens, há momentos em que nem registro que estou num carro. Sob esse aspecto específico, foi como se o carro tivesse assumido a tensão emocional do momento. Quando cheguei ao hospital, saía fumaça do capô e foi necessária uma semana de reparos.

Permaneci à cabeceira de minha mãe por duas semanas. Ela ficou inconsciente, com os pulmões ligados a um cilindro de oxigênio, por vários dias. Enquanto a via lá, em uma espécie de purgatório, ela me parecia a criatura viva mais preciosa. Aos poucos ela reviveu, e sobreviveu.

Enquanto isso, meu irmão estivera no exterior — por força de um contrato — em um set de filmagens na Austrália, desesperado por notícias e perturbado com a ideia de que nossa mãe pudesse não viver até seu retorno.

Uma vez de volta a Nova York, nossa mãe de início parecia a velha versão de si mesma. De fato, recuperou até seu antigo bom humor e com frequência pedia para ser empurrada em sua cadeira de rodas até a janela, para ver as caixas de azaleia que ela pendurara do lado de fora dos peitoris muito tempo antes e, acima delas, as árvores do Central Park. Ela não se importava mais em ser vista numa cadeira de rodas. Quando eu conseguia ir até a cidade, assistíamos a concertos e a apresentações de balé juntos, e colocávamos sua cadeira de rodas próxima ao corredor. Ela chegou até mesmo a assistir a algumas apresentações minhas desse jeito, bem como a peças do meu irmão. Nós a levávamos a serviços religiosos em memória a amigos, onde ela se lembrava de todos os que via.

Após sua hospitalização, passei a lhe telefonar todas as noites. À medida que as semanas e meses se passaram, continuei telefonando todas as noites, mesmo depois que ela não conseguiu mais se envolver nas conversas. Em algum momento do ano 2000, ela começou a ficar em pânico, sentindo que sua mente estava se deteriorando. Reclamava que estava "ficando louca". No final de 2001, o medo havia passado, mas ela nem sempre reconhecia as pessoas. Havia momentos, durante minhas visitas, em que me chamava de "Bill". Falava cada vez menos. Parecia não ler o jornal quando ele era colocado à sua frente. No telefone, quando eu dizia "Eu te amo", ela respondia "Eu também conheço você", e sua voz sumia. Em certo momento, me dei conta de que Mary era então muito mais verbal e interativa do que nossa mãe. Em 2003, ela ainda conseguia segurar o telefone e ouvir, e, de acordo com aqueles que estavam com ela em Nova York, seus olhos se abriam e se acendiam quando eu falava, mas não conseguia responder nada. Continuei com essas conversas de mão única todas as noites.

Meus pais sempre sustentaram que seria perturbador ou muito enlouquecedor para Mary voltar ao apartamento de Nova York, onde passara seus primeiros oito anos de vida, ainda que apenas para um almoço de duas horas. Portanto, para continuarmos organizando o rotineiro almoço anual com Mary depois que nossa mãe não pôde mais ir a Bronxville e, mais tarde, quando a saúde física e mental dela declinou visivelmente, meu irmão e eu levávamos todo mundo, inclusive nossa mãe, para um quarto de hotel por duas horas e pedíamos que o hotel preparasse exatamente o mesmo cardápio que preparávamos em Bronxville.

Mas no verão de 2005 nossa mãe, então com 99 anos, achava-se incapacitada de mover as mãos e as pernas, de cuidar de si mesma ou de ser facilmente transportada para fora do apartamento. Ela não falava fazia vários meses e abria os olhos apenas por alguns minutos a cada vez. Haviam se passado vários anos desde que dera mostras inconfundíveis de saber em que época de sua vida estava vivendo. Dormia a maior parte do tempo, acordando aqui e ali para olhar rapidamente para alguém ou para alguma coisa no decorrer do dia. Nesses momentos, sentíamos que, mesmo que muito de um conhecimento específico houvesse lhe fugido, ela ainda reconhecia as pessoas e a quem mais amava, e ainda sorria com os olhos. Era possível sentir, de alguma maneira incrível, sua personalidade intacta. Nossos amigos Amy e Piergiorgio viviam agora com ela, além de uma mulher extraordinária chamada Marjorie, que ajudava em seus cuidados. Piergiorgio preparava maravilhosos pratos macios que lhe eram oferecidos enquanto seus olhos permaneciam a maior parte do tempo fechados. Amy lia para ela, e ela parecia ficar acordada por mais tempo quando isso acontecia, ouvindo no escuro, em uma espécie de estado suspenso de alerta. As palavras ainda pareciam chegar até ela e suscitar seu interesse.

Mas levar nossa mãe a um encontro com Mary em um hotel naquele estado parecia impossível, e naquela altura parecia pura insanidade não arriscar levar Mary até o apartamento a fim de que nossa mãe e ela tivessem uma última chance de se ver. Juntos, Amy, Piergiorgio, Marjorie, meu irmão, sua namorada e eu decidimos organizar um almoço lá para Mary. Estávamos preocupados com a possibilidade de ela ficar chocada ao ver nossa mãe num estado tão passivo em sua cadeira de rodas — incapaz de falar com ela ou de abraçá-la, e possivelmente dormindo —, e preocupados também que ela pudesse explodir em um tipo de fúria cega ao ver o apartamento que ela não via desde os oito anos.

Mary é com certeza uma criatura de rotinas. Até mesmo conduzi-la pelo corredor de seu dormitório em Briarcliff requeria muito planejamento. Ela parece deixar para trás até mesmo os outros membros de sua família nuclear, que poderiam ser descritos como apegados à previsibilidade e, quase sempre, avessos a riscos nesse sentido. Ela sempre pareceu regular seu relógio interno pela expectativa de eventos e datas comemorativas iminentes cuja aproximação ela tão vividamente acompanha no calendário.

No entanto, também parece que a passagem do tempo não tem nenhum significado para ela. Na expectativa de seu almoço de aniversário, ela sempre ficava ao mesmo tempo excitada e aguardando a repetição do que já havia acontecido. À espera dos almoços de aniversário que meus pais planejavam para ela, Mary sempre anunciava o cardápio que desejava: salpicão de frango, tomate, pãezinhos de manteiga, chá gelado, sorvete e bolo. Mary tem um jeito de falar às vezes quase como um canto ou um louvor, com cada sílaba recebendo enorme ênfase. Essa lista do cardápio sempre soou particularmente enfática. Quando chegava à casa de Bronxville, voltava a mencionar a comida. Enquanto o salpicão de frango era servido, com frequência levantava os olhos e mencionava algumas vezes que depois haveria sorvete e bolo.

Preparando-me para sua chegada, varri meu cérebro para encontrar exatamente os itens de almoço de que precisávamos — o tipo exato de pãozinho, por exemplo. Amy mencionava o futuro almoço para nossa mãe todos os dias, sussurrando em seu ouvido. Comprei um bolo de aniversário e sorvete; meu irmão comprou presentes. Marjorie, balões. No último momento, além do salpicão de frango, dos tomates e dos pãezinhos preparados por Amy, Piergiorgio decidiu cozinhar algumas especialidades suas italianas e Marjorie preparou uma melancia enorme com frutas fatiadas dentro dela e uma elaborada salada de macarrão. Esses pratos me pareceram tão surpreendentes naquele contexto quanto lombinho de porco num *seder* — mas era tarde demais para preocupações.

Mary chegou à porta do apartamento com sua acompanhante de Delaware. Exibia um ar particularmente satisfeito e confiante. Na verdade, era como se conhecesse o caminho. Mais tarde, todos nós tentamos nos lembrar se ela havia perguntado onde ficava o banheiro ou se simplesmente se dirigira para lá conduzida por um hábito adormecido. Mas, qualquer que fosse a resposta, seu bem-estar no apartamento, e com sua mãe, era eloquente. No entanto, essa foi a menor das surpresas. No almoço ela comeu suas costumeiras porções de salpicão de frango, pãezinhos e tomates, claro, mas sentiu-se particularmente atraída pelo antepasto, do qual pediu uma segunda e terceira porção, solicitando cada coisa pelo nome. Ela mergulhou na melancia, nas frutas e na salada de macarrão com óbvio deleite e interesse. Quando está comendo, isso parece ser o foco de sua atenção, e ela não gosta que conversas a atrapalhem. Porém, mais de uma vez, ela disse que a festa estava "maravilhosa".

E tudo isso aconteceu na presença de um milagre. Desde o momento em que nossa mãe foi trazida para a sala e viu Mary até o momento em que Mary foi embora, duas horas depois, os olhos da nossa mãe permaneceram abertos e inconfundivelmente surpresos, maravilhados, alegres, olhando para cada um de nós atônita e grata, arrebatada, desperta, transfixada, radiantemente realizada pela visão da filha. A ocasião a revigorou e a trouxe de volta de uma espécie de sonolência que durara dois anos.

11. Em Briarcliff

Quando viajei sozinho pela primeira vez para ver Mary, cinco anos atrás, durante os últimos meses de nossa mãe, achei que eu fosse morrer. Sofro de uma agorafobia extrema, senão completamente paralisante. Qualquer viagem por estradas estranhas é difícil, e a dificuldade daquela viagem misturava-se à minha culpa e ansiedade por ser irmão gêmeo de Mary, e também ao temor que meus pais costumavam sentir ao fazer a mesma viagem. Ao me preparar para essa jornada completa, precisei me acostumar a ela, uma "perna" por vez, por alguns meses. No entanto, quando me vi lá, o alívio de estar com Mary mais que compensou o esforço e, na verdade, fez a dor da viagem parecer evaporar instantaneamente, como se nunca tivesse existido.

Agora, depois de algumas poucas tentativas, parece que estou me acostumando a essa viagem. Não preciso mais ensaiar cada trecho da estrada com antecedência. Às vezes, na estrada, até mesmo esqueço que estou tão longe de Vermont, onde moro. Embora eu ainda tenha que parar a fim de passar a noite em um hotel no caminho, não acordo mais no meio da noite, encharcado de suor, ofegante por causa de algum pesadelo.

Entretanto, como em todas as viagens de carro, minha alma estremece quando passo pelo interior, por campos abertos ou florestas ininterruptas, não importa quanto isso dure — qualquer lugar onde moradas humanas não sejam visíveis por alguns quilômetros. Se é questão de apenas três ou quatro quilômetros, e se eu já fiz a viagem antes, anotando em um dos meus blocos amarelos "5 quilômetros -0-" para "cinco quilômetros de espaço vazio", coloco o odômetro no zero e fico falando comigo mesmo, tentando relaxar e ir me monitorando de um modo tranquilo. Mas, se a estrada é nova para mim e me vejo sendo levado mais profundamente por florestas ou áreas selvagens, uma piscina de medo começa a subir desde meus pés até a garganta, e começo a me sentir como se estivesse me afogando e preciso gritar por ajuda. É necessário um grau absurdo de coragem para perseverar. Ao pesquisar sobre esse tipo de problema para meu livro anterior, deparei com uma perturbadora lista de possíveis causas — tudo desde o puramente psicológico ("falta de apoio do ego") até o puramente médico ("distúrbios do ouvido interno") e o mais genericamente, ainda que pouco convincente, científico ("sensibilidade a campos magnéticos") e até mesmo ocultista ("efeito de vidas passadas").

A ideia de "falta de apoio do ego", embora claramente não tenha nenhuma especificidade neurológica, à sua maneira faz cair uma ficha. O pânico parece um colapso de seja qual for a couraça que costuma impedir uma pessoa de se despedaçar. Quando vítima do pânico, parece que nada "me" ("eu" = "ego" em latim) mantém coeso. Mas por que a presença de moradas humanas, independentemente de quão hostis os residentes possam ser, constituiriam uma espécie de rede de segurança para essa colapsante couraça egoica é algo que não consigo entender direito. Nunca fui alguém que precisa de "companhia", e muitas vezes fico feliz da vida quando estou sozinho para ler, trabalhar na minha música ou até mesmo apenas pagar minhas contas. Considero certo grau de solidão não apenas tolerável mas profundamente prazeroso. Donald Winnicott, o influente pediatra, psicanalista e escritor, uma vez escreveu um ensaio profundo, embora difícil, sobre a "capacidade de ficar sozinho", no qual, se bem o entendo, ele descreveu o sentir-se à vontade na solidão como resultado da internalização da vigilância saudável da presença de nossos pais. Em outras palavras, quando nos sentimos felizes sozinhos, podemos fazer companhia a nós mesmos. Somos ao mesmo tempo nós mesmos e nosso pai e nossa mãe nos transmitindo segurança; sabemos como extrair segurança de dentro de nós, tirar força, na verdade, de nossa própria autonomia. Um pensamento quase transcendental, não?

De maneira diferente, quando estou sozinho indo de um lugar a outro, sou facilmente reduzido a um estado em que não sou nem "eu mesmo" nem meu pai ou minha mãe "transmitindo segurança".

Tentando entender o significado que essa fobia tinha para mim, cheguei à conclusão bastante perturbadora em meu pensamento e em meu texto anterior que minha irmã tinha muito a ver com o problema. Pode ser que eu também tivesse esse mesmo tipo de reação se não fosse irmão gêmeo de Mary — meu pai e dois dos irmãos dele tinham dificuldades semelhantes —, entretanto é mais provável que ela tivesse assumido uma forma diferente e não me assustasse tanto. No meu caso, quando eu entrava em pânico, quando o apoio do tapete do "ego" era puxado debaixo de mim, eu sentia quase como se estivesse me transformando na minha irmã, como se o espírito desenfreado de sua aflição não pudesse mais ser contido e irrompesse como um monstro de dentro de mim. O pânico me fazia lembrar de Mary, o lado meu e da minha vida que eu estava fazendo um esforço enorme — inconscientemente, claro — para dissipar da cabeça. Em certo sentido, o pânico era a minha maneira estranha de expressar essa conexão.

À medida que comecei a prestar atenção às minhas reações na estrada, por exemplo — durante o período em que trabalhei no meu livro sobre fobias eu anotava em meus blocos amarelos não apenas quilometragens e pontos de referência, mas lembretes enquanto eu dirigia, e também pensamentos e impressões —, percebi que às vezes eu ficava ainda mais perturbado com casas abandonadas, ou, pior, *grupos* de casas abandonadas — cidades fantasmas — do que com florestas e campos. Passar por casas que pareciam não ter sido pintadas por uma ou duas gerações ou que estavam com as aberturas obstruídas por tábuas pregadas horizontalmente, ou onde havia acontecido um incêndio e diante das quais uma velha caminhonete enferrujada com um pneu a menos estava caída torta na entrada, criava uma dissonância mental muito feroz em mim. *Há alguém ali ou não?* Tais áreas reproduziam o pavor do sonho do velho em *Morangos silvestres*, de Bergman: relógios sem ponteiros; uma carruagem sem condutor; ao final de uma rua, uma figura em pé revelando-se ser apenas um saco vazio.

De alguma maneira para mim, a estrada à frente liberava a dor inerente à sensação torturante de que Mary estava inteiramente viva, mas, sob vários aspectos importantes, ausente da conversação humana, ou pelo menos da conversação humana da qual eu podia participar. Essa é uma dor que absolutamente não sinto quando estou com ela. No entanto, na presença de montanhas e árvores silentes ou, no mais das vezes, de casas que podem ou não conter seres humanos — vida que é animada, mas muda e incompreensível —, sinto a presença dos meus medos do que está por trás do olhar penetrante de Mary, de quem ela é, como se ela própria encarnasse as perguntas ancestrais sobre que parte de nós é matéria, que parte é alma; o terror de sermos apenas matéria e apenas imaginarmos ter almas. As casas onde a humanidade pode ou não residir reproduzem o sentimento sinistro que é possível ter com aqueles que sofrem do mal de Alzheimer ou de demência, ou outros tipos de deficiência mental, que parecem tão completamente deste mundo e, no entanto, não veem o que a gente vê, e falam, se é que o fazem, de um lugar que não reconhecemos.

Claro que na estrada eu não carregava apenas essas coisas comigo. Carregava, sobretudo, o fardo da decisão tomada por meus pais tantos anos atrás, decisão na qual tenho certeza de que eles agonizaram e continuaram a agonizar depois de mandar a filha para viver longe da família. Eu carregava a agonia deles comigo, carregava a culpa deles, e sentia tanto a culpa dos dois como a minha própria por ter sido "poupado". Sentia uma estranha pressão psicológica dentro de mim. O tipo de emoção paradoxal que se tem quando um amante que foi indelicado de repente se torna afetuoso e, em vez de darmos as boas-vindas à afeição — que é justo aquilo pelo qual se esteve ansiando —, rejeita-se tal afeição. Então, tendo agido exatamente de maneira contrária aos nossos desejos, somos abandonados a um sentimento de esmagadora derrota e a uma terrível solidão. Como se demonstrando a equação de uma lei da física, meu desejo de chegar à nova residência de Mary era anulado pelo pavor, um pavor semelhante à dor da nossa separação original.

Ser incapaz de expressar sentimentos não é comprovação de que não os temos. Há relatos de crianças autistas sendo mandadas para a escola pela primeira vez em que os pais ficam surpresos com a súbita explosão de tristeza da criança por causa da separação. Será que Mary experimentou sentimentos de saudade e abandono quando tinha oito anos? Tendo vivido o luto por meus pais, agora posso falar sobre a natureza biológica de tais sentimentos — como eles acontecem a você e em você. Eles caem sobre seu corpo, não importa o que você esteja pensando ou pense que esteja "sentindo". Eles ocorrem de maneira tão certeira quanto o tremor que você sente quando sua vida está em risco. Não sabemos sobre os "sentimentos" de Mary, mas podemos adivinhá-los com base naqueles que nós mesmos sentimos e que estão além da racionalização, ou da conceitualização, ou das palavras. Certamente há mais do que uma "necessidade de rotina" no olhar feliz no rosto de Mary quando ela vê seus familiares.

Quando estamos a caminho de algum lugar, nossas emoções são de alguma forma libertadas, como pássaros saindo de uma gaiola e, depois, pela janela. As janelas se abrem e nossas emoções alçam voo e se vão. Quase podemos ouvi-las dizer "Finalmente! Você está me libertando! Estamos livres!". Às vezes as emoções são alegres — a sensação de possibilidades infinitas se abrem —, às vezes o oposto.

Que dor era essa que eu sentia na estrada, em meio a uma névoa espessa ou quando a vastidão da província se abria para revelar vistas de matagais ou bosques de árvores enegrecidos pelo fogo, ou então em estradas sinuosas e sujas ladeadas por arbustos que obscureciam a visão? Em suma, sempre que eu me via isolado, sempre que não havia como eu me orientar em relação a outras pessoas?

Tento lembrar, mas tudo que consigo sentir é a existência de algo no passado — de um espaço em branco — simplesmente horrível de se pensar e para o qual não há palavras.

O espaço em branco de imaginar como Mary se sentiu quando foi deixada em Chatham e, depois, quando foi levada de carro até seu novo lar em Delaware, ou de imaginar como ela se sentia quando seus pais e irmãos apareciam por duas horas, almoçavam e iam embora de novo.

O espaço em branco em minha mãe, quando ela ia embora, deixando a filha para trás.

A dor de tentar chegar até Mary de carro e a dor de sua permanente inacessibilidade, mesmo depois de eu ter chegado e quando estou lá com ela.

Algo terrível, para o qual não há palavras: é um trauma? É de fato alguma coisa ou é mais como um "nada"? Um bebê aciona seu radar ao descobrir como observar, ao descobrir o que há no mundo, o que é "aqui dentro" e o que é "lá fora", sem ter palavras ou ideias que sejam mais do que sombras em sua mente; ao descobrir o que é "eu" e o que é "você"; ao se habituar a fazer certas coisas e perceber reações do mundo, às vezes até mesmo uma confirmação — sem nenhuma palavra para isso — de que algumas coisas acontecem de determinada maneira e até mesmo de que algumas coisas que ele faz causam determinadas reações. Um bebê aprende transmitindo seus choros, seus gestos, seus impulsos para coisas e pessoas — pessoas que podem ser estranhos, pais, irmãos, ou um irmão gêmeo, claro. E se essa transmissão ocorre num vácuo sem nome, que nunca é confirmado como tal? E se essas primeiras asserções são recebidas por uma espécie de vazio? E se o espaço que ele adentra quando está com seu primeiro e original companheiro no mundo requer dele, a todo instante, que abandone toda esperança de ter seu "eu" confirmado?

Saio do carro. Deixei recado de que vou me encontrar com Mary no que chamam de sala "de trabalho", o lugar em que, durante a semana, ela passa parte da manhã e da tarde desempenhando uma tarefa rudimentar, pela qual é paga em uma conta da qual pode fazer saques. Entro por uma porta de metal e sou recebido por uns sujeitos parrudos, que parecem ter quase duas vezes o meu tamanho. Enquanto caminho pelo corredor e ouço o tilintar da sala de trabalho, de alguma forma me lembro de minhas viagens à prisão de Bridgewater como professor voluntário, quando eu tinha dezoito anos e estudava em Harvard. Reconheço a sensação de entrar num mundo fechado, um mundo à parte, e pela primeira vez me dou conta de que eu buscara tal experiência tempos atrás, bem na época em que Mary era admitida neste lugar.

Quando entro no espaço cavernoso onde grupos de homens e mulheres estão sentados diante de mesas desempenhando suas tarefas, me sinto tomado por uma atmosfera ligeiramente festiva. Não sei se estou certo ou errado, mas a sensação é de um clima de camaradagem e empenho. Enquanto me ajusto ao espaço e à estranheza de tantas pessoas que lá estão, vejo que todos encontram-se sentados diante de mesas compridas, colocando materiais em caixas ou fixando rótulos em objetos que estão sendo acondicionados. Homens e mulheres formam grupos separados, muitas vezes em mesas lado a lado. O lugar de todas as pessoas está marcado com uma etiqueta na mesa. Claramente elas vão para lá todos os dias. Uma chinesa simpática me indica a outra extremidade da sala.

Mary me vê quase de imediato e se precipita na minha direção. Está usando seus óculos de aros grossos, que brilham opacamente sobre seu sorriso. Tem um jeito de caminhar estranho, um pouco saltitante e torto, pendendo de leve para um lado. Agarra minha mão com seu modo característico e me leva até sua mesa. Parece feliz. Uma mulher baixinha com um rosto rígido e gestos altamente desenvoltos — seu nome é Juanita, vejo na etiqueta — gesticula com eloquência e aponta uma cadeira, fazendo um som estranho, como se sua boca estivesse tapada. Seus olhos se apertam; parece preocupada comigo. Depois fico sabendo que é muda. Sento onde ela havia sugerido, ao lado de minha irmã.

Há talvez outras dez mulheres em volta da mesa, duas das quais são funcionárias da clínica. Uma delas é uma negra excepcionalmente bonita, Cicely, que está na fase final de uma gravidez.

Pergunto-lhe para quando é o bebê e, num suave sotaque africano, ela responde que para dali a seis semanas.

A sala é barulhenta e desprovida de adornos de qualquer espécie — na melhor das hipóteses poderia ser chamada de minimalista —, mas a atmosfera é profissional e alegre. Logo percebo que os grupos em torno de cada mesa vêm de unidades diferentes e que as mulheres em volta da mesa onde estou moram na mesma residência que Mary. Perto de Juanita há uma mulher chamada Sarah, que mantém um sorriso silencioso e ávido o tempo todo e dá muito pouco sinal de perceber o que acontece à sua volta. Seus olhos me fitam sem no entanto parecerem me registrar. Tem traços bonitos e tranquilos, mas é como se algo muito pesado fizesse pressão sobre sua cabeça, obrigando-a a uma posição absolutamente fixa, imóvel. Ainda assim, quando menciono seu nome a Mary, seu sorriso se aprofunda e se alarga. Há também Dawn, cujo rosto é deformado e cavado, com olhos muito profundos. Quando se levanta da mesa, vejo que, apesar de um torso normal, ela tem um estômago e um quadril gigantes e pernas extraordinariamente largas e pesadas. De tempos em tempos, muitas mulheres se levantam e caminham um pouco. Nas horas que se seguem, em vários momentos alguns pacientes homens vêm até Cicely lhe dar um abraço, brincar com ela ou, com delicadeza, acariciar sua barriga inchada, o que ela aceita gentilmente e com prazer.

No meio da longa mesa, há uma pilha de caixas contendo guarda-chuvas que precisam receber uma nova etiqueta. Cicely abre as caixas e entrega a cada mulher uma pilha de guarda-chuvas. Cada uma tem uma pilha de etiquetas adesivas a seu lado. A atenção de Mary está toda voltada para o trabalho, o remover cuidadoso do invólucro de plástico de cada guarda-chuva, a aplicação de uma nova etiqueta de código de barras sobre a etiqueta velha e, então, a recolocação do invólucro plástico. (O rótulo diz "100% náilon".) Ela faz isso incontáveis vezes, e, apesar de ser uma das mais rápidas, também é calma e cuidadosa. De tempos em tempos, ergue o guarda-chuva e parece avaliá-lo com orgulho, como um carpinteiro admirando seu trabalho. Não é a primeira vez que percebo sua forte semelhança com meu pai.

A cada vinte minutos mais ou menos, uma campainha soa e uma voz sai do auto-falante anunciando uma nova turma para o refeitório no fim do corredor. Perto das 11h30, percebo que as mulheres parecem saber que logo será hora do almoço. Elas colocam os guarda-chuvas em pilhas e não pedem guarda-chuvas novos. Quando às 11h30 a voz fala pelo alto-falante, nosso grupo põe-se em fila para ir até o refeitório, que fica no mesmo prédio, ali perto, no fim do corredor. Outros continuam em sua mesa, trabalhando. Entendo que a refeição é servida a cada unidade por vez. Mary pergunta se comprei bombons Reese's com recheio de amendoim, pelos quais ela sempre espera. Digo que estão no carro. Ela pega minha mão novamente e me leva até o refeitório com seriedade e uma sensação de familiaridade. A sala é um pouco menor do que o pavilhão estilo fabril que acabamos de deixar e é mais como o refeitório de uma escola primária, pintada de bege-
-claro, com fileiras de mesas compridas e capacidade, talvez, para cem pessoas; lá o comportamento dos pacientes é visivelmente mais barulhento. São servidos para nós sanduíches de almôndegas, que levamos em bandejas até a mesa no canto mais distante da sala. Mary pergunta se eu lhe compraria uma coca-cola na máquina de refrigerantes, o que eu faço. Essa não é uma bebida habitual, na verdade é uma guloseima rara. De início não consigo diferenciar pacientes de cuidadores, mas um pouco depois a distinção se torna clara. De tempos em tempos, recebo um educado aceno de cabeça de um dos membros da equipe. Um rapaz de pouco mais de vinte anos — claramente um paciente — passa por mim vezes seguidas, sempre dizendo: "Oi, chefe!".

Estou sentado ao lado de Mary e comemos nossos sanduíches. Em volta de nós há uma atmosfera que lembra a de um zoológico. Na unidade de trabalho, todos estavam concentrados em uma tarefa comum e se comportavam de maneira relativamente uniforme, ao passo que aqui é como se uma enchente de comportamentos variados tivesse inundado o lugar, muitas vezes acompanhada por vocalizações selvagens. Embora a idade das pessoas na sala vá de vinte a oitenta anos, a sensação é a de estar no recreio de uma escola primária. Mas, diferentemente de uma escola primária, embora haja movimentos, comoção e barulho, de um jeito surpreendente pouco disso vem da interação entre as pessoas. Quando ocorrem verdadeiras trocas, a maior parte delas parece ser entre equipe e pacientes. Fora isso, há mais do que tudo concentração no ato de comer.

Entretanto, também há pacientes tão despojados quanto jovens falantes. Um homem com jeitão juvenil, visivelmente amistoso, me apresenta a um auxiliar corpulento, dando-lhe tapinhas afetuosos nas costas e me dizendo: "Ele é um bom sujeito. Ele é um bom sujeito. Ele é um bom sujeito. Forte como você". (Ele é o meu oposto físico.) "Você gosta dele? Você gosta dele?" O homem se aproxima mais de uma vez, apontando para o auxiliar, de aparência forte, mas que na verdade é bastante tímido, repetindo esses elogios e essas perguntas toda vez. Por fim, insiste que acenemos um para o outro, o que fazemos.

Ao longe, vejo um grupo de pacientes numa conversa muito animada, descontraída, com uma mulher da equipe, debruçados uns sobre os outros e rindo, aparentemente contando a ela uma história, esperando por sua aprovação e sinais de que também estava se divertindo.

Mary me pergunta mais uma vez sobre os bombons Reese's. Sua pergunta vem na forma de afirmação com um tom preocupado: "AllentrouxeosbombonsReese'scomrecheiodeamendoim…?". Eu a tranquilizo. Então ela se levanta, já que também aqui no refeitório tem uma tarefa: receber a bandeja de cada paciente e esvaziar os pratos na esteira de borracha que leva até a cozinha. Enquanto permaneço à nossa mesa, Mary veste um avental, luvas de borracha e uma touca que parece de banho e se coloca junto à lata de lixo para receber as bandejas. A campainha soa e o alto-falante anuncia a próxima leva de comensais, que adentram, ansiosos. Todas as outras pessoas saem, entregando as bandejas a Mary e seu colega, um homem alto de avental e com um cordão amarrado apertado na cabeça. Olho com atenção para ver se o cordão é parte de uma espécie de rede para cabelo, mas não é. Parece algo que ele se sente compelido a usar.

Ao meu redor, os assentos se enchem com novos rostos, todos comendo, muitos com hábitos pouco comuns. Os pacientes que não estão fisicamente aptos a se alimentar sozinhos são auxiliados por seus acompanhantes, que colocam grandes babadores de plástico em volta do pescoço deles. O rosto de um jovem tem olhos pesadamente tapados por faixas; outro tem feridas abertas e ainda sujas de sangue na testa e nas bochechas. Alguns desse grupo estão em cadeiras de rodas. Uma mulher com paralisia cerebral recebe um babador e em seguida é alimentada. Um rapaz está usando um capacete protetor de aparência estranha, dentro do qual ele bebe, com a ajuda de um canudinho. Um menino asiático cego com um rosto oblongo e estranhamente belo é alimentado por outra adorável mulher afro-americana. Ela está bem-arrumada, com uma blusa colorida e uma saia, e tem mechas vermelhas e alaranjadas no cabelo. Um acompanhante se aproxima para cortar a comida de um homem grande e de aparência lerda ao meu lado. Fico surpreso ao olhar para o seu prato momentos depois e ver que o homem abocanhou quase instantaneamente todos os pedaços.

Nota-se bastante ação, porém bem menos interação. Há uma discussão na mesa ao lado, mas talvez seja entre os acompanhantes. A maioria das pessoas parece estar em seu próprio mundo. Um menino próximo de mim fala disfarçadamente na sua mão esquerda depois de cada bocada, como se num walkie-talkie. Aquilo parece fazer parte do seu ritual de comer. Ele pronuncia as palavras com grande rapidez e clareza, mas elas são indecifráveis. Ao longe, Mary parece séria e concentrada em limpar as bandejas de forma responsável. Sempre que há uma pausa, aproxima-se de onde estou sentado e pergunta novamente pelos bombons Reese's. Há uma sensação incrível de familiaridade entre nós. Ela não mostra nenhum sinal de desconforto ou surpresa por mais uma vez eu estar próximo dela. Tenho a impressão de que gosta de me mostrar sua rotina e que está à vontade, sem fazê-lo de forma consciente. A cada vinte ou 25 minutos, o alto-falante soa e há mais recém-chegados e mais bandejas a serem limpas.

Uma jovem de aparência inocente olha na minha direção da mesa ao lado. Tendo terminado de comer, observa de forma significativa, a uma distância média, com um meio sorriso, como se secretamente alegre por alguma coisa. Parece uma universitária de rosto fresco, divina, inteligente, pensativa. Depois de vinte minutos, começa a se balançar para a frente e para trás. Uma mulher do outro lado da mesa dá, a cada minuto mais ou menos, um tapa na própria nuca de forma repetida e audível, no exato ponto onde ela é completamente careca. Acaba se levantando e, como se obedecendo a um comando interno, começa a se balançar para a frente e para trás, como alguém rezando num templo. Outro homem de aspecto jovem se balança ao mesmo tempo que torce o próprio braço e trança as mãos sobre o cotovelo do braço oposto. Não muito longe de mim, um menino diz incessantemente a um auxiliar que está "enojado" do seu sanduíche de almôndega e que não vai terminá-lo. Muitos pacientes lembram amigos meus. Um parece um compositor renomado que conheço, mas tem um sorriso estranho que lhe dá um ar levemente diabólico. Outro, que se balançava para a frente e para trás desde que chegou à mesa de almoço, é parecido com um antigo colega de colégio que se tornou médico. Uma mulher muito baixinha levando sua bandeja até Mary com expressão jovial no rosto pode ser, na verdade, um homem: tem cabelos escuros compridos e pelos pronunciados no rosto, pés minúsculos e usa óculos de aros grossos; parece estar usando um sutiã sob uma camisa quase transparente.

Acabamos voltando para o agora familiar centro de trabalho a fim de prosseguir com os guarda-chuvas. Quando o dia de trabalho termina, as mulheres são levadas de novo para a "unidade" de Mary para um lanche. Enquanto bebemos água gelada de um recipiente térmico em xícaras na área de lanches, Mary pode por fim degustar seus bombons Reese's com recheio de amendoim, que ela devora sem nenhuma preocupação com o fato de eles talvez estarem um pouco derretidos. Na programação da tarde, há natação no fim do período, seguida por jantar e filmes das seis às nove da noite.

Minha cabeça está girando das impressões da tarde. Só de ficar sentado no refeitório por algumas horas, fui me acostumando aos poucos a certa ideia expandida do espectro humano. Fui relembrado das experiências que tive ao ouvir música com quartos de tom. De início soa fora de tom porque a ouvimos com ouvidos acostumados à música na qual a oitava é dividida em doze meios passos, em vez das 24 gradações presentes na música com quartos de tom. Mas passado algum tempo ela começa a soar bem e como uma maneira diferente de estar "no tom". Depois, na verdade, meios intervalos parecem grandes na comparação.

Mary e eu nos sentamos juntos em um sofá em uma sala ao lado e lhe mostro algumas fotos de família. Fiquei preocupado em mostrar fotos de nossos pais, agora que estão mortos. Em 1992, Mary ficou sabendo da morte do nosso pai por sua psicóloga de confiança, Anna, uma mulher que felizmente tem uma habilidade extraordinária de se comunicar com os pacientes de maneira direta, afetuosa e respeitosa. Em 2005, pedi a Anna que estivesse comigo e me ajudasse a contar que nossa mãe havia morrido. Anna usou a expressão que Mary associa com morte, dizendo que tanto nossa mãe quanto nosso pai estavam agora "no céu", e Mary entendeu que isso significava que não voltaria a vê-los. Entretanto, às vezes ela parecia esquecer e incluir o nome deles na lista de quem iria visitá-la, e precisava ser relembrada do que acontecera. Mary parece jamais chorar por tristeza, mas necessariamente isso não significa que ela nunca se sinta triste. Durante um dos nossos almoços em hotéis depois da morte do nosso pai, falei a ela que eu sentia falta de "ter o pai na mesa". Ela me olhou com uma expressão mais séria no rosto, pôs a mão no meu braço e disse: "Sentefaltadeteropainamesa".

Como frequentemente ocorre, ela faz o que lhe pedem, olhando cada fotografia que lhe entrego, identificando seja lá quem for que ela reconheça. As fotos não estão em nenhuma ordem especial, e algumas são de quando ela tinha cinco anos. Mary reconhece no mesmo instante uma fotografia de Bessie tirada no início da década de 1950. Ela reconhece nosso irmão muitas vezes. Fica meio indecisa sobre nosso pai. Ela me conhece imediatamente em quase qualquer idade, até mesmo com oito anos, mas ao ver algumas fotos minhas mais velho se refere a mim como "papai". Quando se trata de reconhecer nossa mãe em qualquer idade, ela nunca se engana. Mesmo quando lhe mostro uma fotografia de nossa mãe jovem, tirada em 1948, ano em que nascemos, exibindo num penteado pouco familiar um luxuriante cabelo preto longo com franja, ela diz com muita energia: "Mamãe, eu acho". Não me lembro de alguma vez tê-la ouvido dizer "eu acho".

Lembro a ela que quero organizar outro de nossos almoços de aniversário em Vermont, como fizemos pela primeira vez no nosso sexagésimo aniversário, no verão anterior. Mary foi trazida de manhã, lembro a ela, e viu Annie e Harold; minha mulher, Yoshiko; e nosso filhinho Noa, ainda bebê, que tinha então apenas seis semanas de vida. Comemos salpicão de frango, sorvete e bolo. Dessa vez nosso irmão poderá estar junto, digo. "Wallace, Mary, Allen...", ela diz.

Nunca passei tanto tempo com Mary quanto hoje. Não, não é verdade. Antes dos oito anos, passamos muitos dias inteiros juntos. E antes dos três anos raramente nos separávamos. E ainda muito antes disso, quando ninguém conseguia sequer nos ver, ou quando ninguém sabia que éramos dois, já estávamos juntos, e apenas juntos.

Noto que ela está ficando cansada. Finalmente lhe digo que preciso ir embora, e ela diz "Allen vai ver você logo", e eu digo "Eu volto no inverno", e ela diz "Allenvaivervocênoinverno". Dou-lhe um abraço e digo: "Eu te amo, Mary", entro no carro e dou a partida. Como sempre, dirigir libera certas emoções em mim. Do nada, começo a chorar. Tenho uma visão da vida como uma escada de caracol pela qual se sobe em meio à escuridão pontuada com poças de luz, sem jamais saber quão longa é a escada ou se é escura ou clara no alto. Vejo o rosto do meu pai e ele está chorando. Não pela primeira vez, penso na pequena cerimônia *impromptu*, seis de nós junto ao caixão de minha mãe, e recordo o som da voz de Piergiorgio recitando as seguintes linhas em italiano, de um poema de Salvatore Quasimodo:

Ognuno sta solo sul cuor della terra
Trafitto da un raggio di sole:
Ed è subito sera.

Todo mundo está sozinho no coração da terra
Transfixado por um raio de sol:
E de repente é noite.

Agradecimentos

Gostaria de fazer referência aos seguintes livros, artigos e vídeos, que me forneceram um embasamento indispensável nas dimensões científicas e humanas das minhas questões de interesse enquanto eu me preparava para escrever este livro. No texto incluí citações da maioria dessas fontes.

Sobre os transtornos de espectro autista, quero fazer uma menção especial ao livro *Autismo e síndrome de Asperger*, editado por Uta Frith, que inclui o artigo de Hans Asperger "Autistic Psychopathy in Childhood" [Psicopatia autista na infância], primeiramente publicado no *Archiv für Psychiatrie und Nervenkrankheiten* em 1944; *Autism: Explaining the Enigma*, de Frith; o artigo "Autistic Disturbances of Affective Contact" [Transtornos autísticos de contato afetivo], de Leo Kanner, em *Nervous Child*, v. 2 (1943); *Mémoire et rapport sur Victor de l'Aveyron*, de Jean Itard; *Thinking in Pictures* e *Emergence: Labeled Autistic*, ambos de Temple Grandin; *A Real Person*, de Gunilla Gerland; o artigo "Light and Number: Ordering Principles in the World of an

Autistic Child" [Luz e números: Princípios de ordem no mundo de uma criança autista], de David Park e Philip Youderian, em *Journal of Autism and Childhood Schizophrenia*, v. 4, n. 4 (1974); e "Adult Recollections of a Formerly Autistic Child" [Lembranças adultas de uma criança ex-autista], de Jules R. Bemorad, em *Journal of Autism and Developmental Disorders*, v. 9, n. 2 (1979).

Também me beneficiei enormemente da leitura de *Autism and Asperger Syndrome: The Facts* e *Mindblindness: An Essay on Autism and Theory of Mind* [Mente cega: Um ensaio sobre autismo e teoria da mente], ambos de Simon Baron-Cohen; *Autism: The Facts*, de Simon Baron-Cohen e Patrick Bolton; *Autism in History: The Case of Hugh Blair of Borgue* [Autismo ao longo da história: O caso de Hugh Blair de Borgue], de Rab Houston e Uta Frith; o artigo "Advances in Autism Genetics: On the Threshold of a New Neurobiology" [Avanços na genética do autismo: No limiar de uma nova neurobiologia], de Brett S. Abrahams e Daniel H. Geschwind, em *Nature Review Genetics* (maio de 2008); e *Unstrange Minds* [Mentes não estranhas], de Roy Richard Grinker; bem como de assistir ao vídeo de Oliver Sacks *Rage for Order: Autism*, da série da BBC The Mind Traveller, de 1998; e a entrevista de Temple Grandin, *Stairway to Heaven* [Escada para o céu], na série de documentários televisivos Errol Morris' First Person.

Ao pesquisar sobre o trabalho do psicólogo Bruno Bettelheim, assisti a dois documentários da BBC sobre ele, *Bruno Bettelheim: A Sense of Surviving* [Bruno Bettelheim: Um sentido de sobrevivência] e *Bruno Bettelheim: The Man Who Cared for Children* [Bruno Bettelheim: O homem que se importava com as crianças]; e consultei *Rising to the Light: A Portrait of Bruno Bettelheim* [Em direção à luz: Um perfil de Bruno Bettelheim], de Theron Raines; *The Creation of Dr. B: A Biography of Bruno Bettelheim*, de Richard Pollak; bem como os escritos do próprio Bettelheim: *Sobrevivência e outros estudos*, *Só amor não basta*, *A*

Viena de Freud e outros ensaios, *Truants from Life* [Fugitivos da vida] e *A fortaleza vazia*.

Embora haja vários livros que tratam do fenômeno do sentimento de perda relacionado a gêmeos, os três livros que considerei mais úteis sobre ser um gêmeo são de natureza genérica: *Twins: From Fetus to Child* [Gêmeos: De feto a criança] e *Twins in the World*, ambos de Alessandra Piontelli; e *Entwined Lives* [Vidas geminadas], de Nancy Segal.

Também me beneficiei enormemente da leitura do livro *A Healing Family*, do romancista japonês Kenzaburo Oe.

Muitas pessoas me auxiliaram no meu trabalho com este livro, especialmente algumas cujos nomes não posso divulgar. Tenho com elas uma dívida de gratidão especial. Também gostaria de agradecer sobretudo a meu irmão, Wallace Shawn, por sua indispensável ajuda e apoio, bem como à minha querida esposa, Yoshiko Sato; a nosso pequeno filho, Noa; e a meus dois filhos adultos, Annie Shawn e Harold Shawn, também pela ajuda e apoio. Tenho uma profunda dívida com o dr. Alexander Westphal e com a dra. Abha R. Gupta, por oferecerem seus valiosos pontos de vista especializados sobre transtornos do espectro autista; com Betsy Blachly, por suas ideias sobre o tratamento de crianças autistas; com a dra. Marriane Makman pelas lembranças sobre sua mãe, Herta Wertheim; e com a dra. Marjorie LaRowe por seus inestimáveis conselhos e insights. Além disso, quero expressar minha gratidão aos seguintes amigos, colegas e especialistas em saúde mental e campos afins, que generosamente me cederam seu tempo, conhecimento e ideias em conversas que tivemos enquanto eu preparava este livro: Hank Chapin, Edith Iglauer Daly, dra. Jayne Danien, Anda Durso, Jay Hamburger, Michelle Hogle, dr. Mark Reber, dr. Stephen Reibel e meus colegas do Bennington

College (todos doutores) Ronald Cohen, Eileen Scully, Elizabeth (Betsy) Sherman, Bruce Weber e Kerry Woods. Também gostaria de estender meu mais profundo obrigado a Maria Astorga, Marina Barnett, Isabel Fox, Marjorie Graham, Aimée Guerin, Thomas Hayes, Deborah Mills Hayes, Amy Hoch, Piergiorgio Nicoletti, Dorothy Rubel, Frederick Seidel, dr. Frederick Stern, Rebekah Westphal, Kathy Williams e Oceana Wilson. Por fim, gostaria de agradecer humildemente a Lynn Nesbit, minha agente literária, por sua gentileza e ajuda, e estender minha profunda gratidão às minhas editoras, Wendy Wolf e Margaret Riggs, por sua bondade, brilhantismo, habilidade e compreensão.

Índice remissivo

Abrahams, Brett S., 45
Andriessen, Louis, 156
Archibald (Anderson), Irene, 69, 75-6, 81-2, 85, 112-7
Arendt, Hannah, 35, 183
Asperger, Hans, 27, 30, 34, 44, 194
Auden, W. H., 39
Autism and Asperger Syndrome (Frith), 30
Autism and Asperger Syndrome: The Facts (Baron-Cohen), 30
Autism: Explaining the Enigma (Frith), 25, 41
autismo, 23-46, 57, 67, 192-212, 223; atenção visual e, 208-9; como espectro de transtornos, 23, 25, 27, 43; de Elly Park, 199-201; de Gunilla Gerland, 30, 46, 161, 192-3, 203; de Mary Shawn, 15, 21-3, 29, 34, 45, 56-7, 189, 191, 203, 207; de Temple Grandin, 30, 46, 193-4; definição de dicionário, 29; esquizofrênico, 26; fatores genéticos do, 23, 43-4; sentidos e, 191-5; trabalho de Asperger e, 27, 30, 34, 44, 194; trabalho de Bettelheim e, 34--42; trabalho de Kanner e, 26-7, 30-4, 44, 58, 199, 202; transtorno autístico clássico, 23, 27; transtorno obsessivo-compulsivo em, 197-8; tratamentos para, 209-10; utilização do termo, 25-6
Autismo: um mundo escuro e conturbado (Grinker), 30

Bach, Johann Sebastian, 93-4, 131, 135
Baron-Cohen, Simon, 30
Bartók, Béla, 94, 98, 105, 133, 147, 151
Beeson, Jack, 148-9
Beethoven, Ludwig van, 92, 94, 128, 164
Bem que eu queria ir (Shawn), 18

Berg, Alban, 93-4, 98, 128, 133, 164
Bergman, Ingmar, 78, 222
Bernstein, Leonard, 97, 100
Bettelheim, Bruno, 22, 30, 34-42
Blachly, Betsy, 210
Bleuler, Eugen, 26
Boulanger, Nadia, 100, 136, 138, 143--4, 149
Brahms, Johannes, 135
Briarcliff, 19, 21-2, 43, 113, 115-9, 124--5, 138, 185, 187, 209, 211, 216, 219; campus de, 119; fundação e filosofia de, 121, 123; internação de Mary em, 114-7, 207; pacientes em, 118, 207, 226-31; sala de trabalho em, 225-8; testes e avaliações de Mary em, 20, 115-6, 161, 205; visita solo de Allen a, 19, 21, 46, 184, 219-34; visitas da família a, 19, 118, 121, 136-7, 159-60

campos de concentração, 31, 36, 38
cérebro, 10, 24, 27, 42-3, 119, 149, 160, 178, 185, 217
Cohler, Bertram, 37
Colônia de Férias Mohawk, 65, 79-80
Colônia de Férias Musical Kinhaven, 100-1, 106, 109, 111-2, 146
Cooke, Francis Judd, 133

Darwin, Charles, 197
deficiência intelectual, 23, 41, 44; de Mary Shawn, 15, 21-2, 24, 28, 56--7, 191, 204
Dillon, Charles, 128
Dillon, Frances, 92-4, 97-9, 128, 135
Dushkin, David, 100-1, 109
Dushkin, Dorothy, 100

Eichmann em Jerusalém (Arendt), 35

Emergence: Labeled Autistic (Grandin), 195
Encontros e desencontros (filme), 150
Escola Ortogênica, 36, 39-40
esquizofrenia, 26, 31, 33, 43, 207; autismo esquizofrênico, 26

Filarmônica de Nova York, 100
Filarmônica de Vermont, 110
fobias: de Allen Shawn, 16-21, 46, 78, 93, 100-1, 112, 130, 146, 156, 184, 219-21; de William Shawn, 20, 85, 116, 168, 170
fortaleza vazia, A (Bettelheim), 35, 38
Freud, Anna, 42, 67
Freud, Sigmund, 18, 67
Friends Seminary, 104-5, 153
Frith, Uta, 25, 30, 41, 45

garoto selvagem, O (filme), 25
gêmeos, 48-9, 69-70, 178-9; bivitelinos, 15, 48, 69, 179; idênticos, 48, 69, 179; "perda de gêmeos" (na gestação), 48
Genn, Minna, 190-1
Gerland, Gunilla, 30, 46, 161, 192-3, 196, 203, 206
Geschwind, Daniel H., 45
Grandin, Temple, 30, 46, 193, 195
Grinker, Roy, 25, 30
Gupta, Abha, 43

Hammarskjöld, Dag, 39
Hanekenda, Ruth, 174-5
Healing Family, A (Oe), 211
Hindemith, Paul, 110

Itard, Jean, 25, 191, 194, 196
Ives, Charles, 94, 133

Jaspers, Karl, 183
Jones, Warren, 208
Juilliard School, 98, 110, 146
Junípero, frei, 25

Kanner, Leo, 26-7, 30-4, 44, 58, 199, 201-2
Kirchner, Leon, 135-6, 149
Klin, Ami, 208-9
Kurtág, György, 156

lago dos cisnes, O (balé), 147
Langford, William S., 56-7, 67, 201
Lapine, James, 153
Longa jornada noite adentro (O'Neill), 177

Mahler, Gustav, 100, 149
Mémoire et rapport sur Victor de l'Aveyron (Itard), 25
Mindblindness (Baron-Cohen), 30
Monod, Jacques-Louis, 149, 152
Morangos silvestres (filme), 78, 222
Mozart, Wolfgang Amadeus, 93-4, 128, 133-5
Music Teacher, The (Shawn e Shawn), 108

Nature Reviews Genetics, 45
New Yorker, 20, 35, 170-4; William Shawn como editor da, 20, 35, 84, 107, 157, 166, 171, 174

O'Neill, Eugene, 177
Oe, Hikari, 211-2
Oe, Kenzaburo, 46, 211-2
Ogden, Thomas, 30

Park, Claire Claiborne, 199-200
Park, David, 199-200

Park, Elly, 199-201
Peek, Kim, 192
pequeno fugitivo, O (filme), 73
Persichetti, Vincent, 110-1, 147
Petit, Pierre, 144
Piontelli, Alessandra, 49, 178-9
Primitive Edge of Experience, The (Ogden), 30
Prisão Estadual de Bridgewater, 131
Psychological Medicine, 27
Putney School, 103, 109, 111-2, 127

Quasimodo, Salvatore, 234
Quem tem medo de Virginia Woolf? (filme), 208

Rain Man (filme), 192
Real Person, A (Gerland), 30, 203
Richter, Eckart, 97, 110
Romênia: crianças órfãs da, 41
Ross, Harold, 174-5

Sacks, Oliver, 198-9, 202
Salinger, J. D., 133
Sandpiper, 72, 81-2, 86-7, 112-5, 117, 119-20, 123-5, 137, 159, 188-9, 204; Mary em, 72-3, 81-2, 112, 114-5, 117, 119, 123, 125, 137, 188, 204, 211; visitas em família a, 82-6
Sato, Yoshiko (esposa de Allen Shawn), 234
Schnittke, Alfred, 156
Schönberg, Arnold, 55, 94, 98, 133, 135-6, 144, 149
Serebrenikova, Pelagija, 25
Sevareid, Eric, 39
Shakespeare, William, 14, 188
Shawn, Allen: *Bem que eu queria ir*, 18; como compositor, 17-8, 22, 29,

92-102, 106, 109-11, 132, 134-5, 139, 142-56, 164; como gêmeo de Mary, 16, 18, 22, 57, 74, 96, 106, 119, 139-42, 147, 154, 162, 178, 185, 187, 219, 221; desenhos de, 89, 91, 99; em Columbia, 148-9, 152; em Harvard, 114, 125, 127--30, 132, 135-6; episódio de gripe de, 10; filhos de, 22, 54, 156, 158, 162, 168, 213, 234; fobias e ansiedades de, 16-21, 46, 78, 93, 100-1, 112, 130, 146, 156, 184, 219-21; fotografias de, 14, 17, 51, 85, 232-3; hamster de, 10, 77; interesses e atividades infantis de, 61-3, 88, 141; interesses religiosos de, 89, 127, 142; lecionando, 16, 22, 146, 156, 184; mudança para Vermont, 154; música e, 90-4, 97--9, 109, 130-6, 153, 157, 163, 232; na Colônia de Férias Mohawk, 65, 79; na Colônia de Férias Musical Kinhaven, 100-2, 106, 109, 111; na faculdade, 17; na França, 18, 138-40, 143-6; na Putney School, 109, 111, 127; namorada francesa de, 145-6, 149; nascimento de, 23, 49, 169, 173; no colégio, 104-5; perdas e, 9, 16, 18; primeiro casamento de, 152, 162; ritual noturno infantil de, 50; "romance" escrito por, 62; solidão e, 29, 221; teatro de bonecos montado por Wallace e, 73, 103, 108; tocando piano, 91-3, 97, 105, 152, 159; tocando tambor, 90; trabalho teatral de, 153-4; violino de brinquedo comprado por, 90

Shawn, Annie (filha de Allen), 22, 156, 158, 234

Shawn, Cecille Lyon (mãe de Allen): avaliações de Briarcliff e, 20-1; casamento de, 104, 107, 163, 165-80; crise de colite de, 168-9; doença de, 212-8; em acidente de carro, 176; morte de, 219, 233; morte de William e, 183-4; música e, 96-7; *New Yorker* e, 170-1; personalidade e talentos de, 59, 63-4; preocupações com Mary, 53, 56, 68, 71, 141, 173

Shawn, Harold (filho de Allen), 22, 156, 158, 169, 183, 213, 234

Shawn, Mary (irmã de Allen): almoços de aniversário de, 19, 87, 157--8, 215-8, 233; aparência física de, 14, 51, 59, 81, 122, 161, 174; aritmética e, 159; autismo de, 15, 21--3, 29, 34, 45, 56-7, 189, 191, 203, 207; cartas e cartões de, 75, 124-5, 138; comportamentos de, 52-9, 68, 76, 84, 158, 191, 194-5, 197, 205-8; contando objetos, 160; deficiência mental de, 15, 21-2, 24, 28, 56-7, 191, 204; diagnóstico de, 15, 22-3, 56, 206-7; educação de, 66, 75, 81, 117, 123, 187; em Briarcliff *ver* Briarcliff; em Sandpiper *ver* Sandpiper; fotografias de, 14, 51, 85, 174; Harold Shawn e, 158; internação de, 16, 73, 90, 142, 149, 162, 164, 177-8, 209, 223-4; medicação de, 121, 207; morte dos pais e, 232; nascimento de, 23, 49, 169, 173; percepções de, 13-4, 125, 191, 204, 216-7, 225; preocupação dos pais com, 52, 56, 68, 71, 141, 173; presentes e, 160; ritual noturno da infância de, 51; talentos e forças de, 189; testes e avaliações de, 20-1, 115-6, 161, 189-91, 204-6; tocando piano, 52, 68, 76, 81, 117, 120, 160; transtorno esquizoafetivo de, 15, 22, 24, 206-8

Shawn, Noa (filho de Allen), 234

Shawn, Wallace (irmão de Allen): carreira de, 22, 94-6, 150; como violinista, 90, 94, 110; composição musical de Allen inspirada por, 98-9; escrita de, 94-6, 108, 147, 150; libreto de ópera escrito por, 108; música e, 94; na escola, 103-4; nascimento de, 172; peças escritas por, 108, 147, 150; personalidade de, 51, 94; pinturas de, 95; rebelião contra os pais, 104; relação de Allen com, 73-4; teatro de bonecos montado por Allen e, 73, 103, 108

Shawn, William (pai de Allen): ataque cardíaco de, 145, 157; avaliações de Briarcliff e, 20; casamento de, 107, 163, 165-80; como artista, 96, 175; como editor da *New Yorker*, 20, 35, 84, 107, 157, 166, 171, 174; doença de, 163-5, 168, 182, 212; fobias de, 20, 85, 116, 168, 170; morte de, 19-20, 163, 183-4, 214, 232; preocupações com Mary, 52, 56, 68, 71, 141, 173; relação extraconjugal de, 20-1, 104, 163-9, 174-80

síndrome de Asperger, 27-8

síndrome de Kanner (transtorno autístico clássico), 23, 193

Stravinski, Igor, 94, 97-8, 100, 130, 133, 144, 151

Takemitsu, Toru, 156

tempestade, A (Shakespeare), 92, 188

Thinking in Pictures (Grandin), 30, 193

transtorno esquizoafetivo (de Mary Shawn), 15, 22, 24, 206-8

transtorno obsessivo-compulsivo, 197-8

Trombly, dr., 21-3, 28, 34-5, 208

Truffaut, François, 25

Twelve Dreams (Lapine), 153

Twin: From Fetus to Child (Piontelli), 49

Twins in the World (Piontelli), 178

Universidade Columbia, 148-9, 152

Universidade Harvard, 103, 114, 125, 127, 129-36, 226

Uses of Enchantment, The (Bettelheim), 40

Ussachevsky, Vladimir, 149, 151

Vosgerchian, Luise, 136

Wertheim, Herta, 30, 42, 67-8, 113, 177, 190

Westphal, Alexander, 208-10

Wing, Lorna, 23, 27-8

Winnicott, Donald, 221

ESTA OBRA FOI COMPOSTA POR ACOMTE EM MINION E
IMPRESSA PELA RR DONNELLEY EM OFSETE SOBRE PAPEL PÓLEN
SOFT DA SUZANO PAPEL E CELULOSE PARA A
EDITORA SCHWARCZ EM JULHO DE 2015